W0252544

Das wiederentdeckte alte Ägypten

ALEXANDRIE
CHOBRAKIS
PYRAMIDES
SALAHIEH
SEDIMENT
EL-ARICH
GAZA
NAZARETH
MONT-TABOR
SYÈNE
THÈBES
ABOUKIR
N

Peter A. Clayton

Das wiederentdeckte alte Ägypten

in Reiseberichten und Gemälden des 19. Jahrhunderts

Gondrom

Inhalt

Vorwort

Versucht man, die Wiederentdeckung Altägyptens in der Zeit zwischen 1798 und der zweiten Hälfte des 19. Jahrhunderts mit Bilddokumenten zu belegen, also die Periode zwischen Napoleons *savants* und dem Zeitalter des Tourismus, so sieht man sich ziemlich hilflos einer erdrückenden Materialfülle gegenüber. Die Auswahl, die schließlich getroffen werden mußte, umfaßt noch immer Arbeiten von 30 Künstlern. Daß wir gerade ihnen den Vorrang gaben, hat vielfältige Gründe – seien es Gründe historischer oder ästhetischer Art, sei es die Genauigkeit der Darstellungen oder das archäologische Interesse, das sie als Wiedergaben inzwischen verschollener Denkmäler verdienen, sei es schließlich einfach deshalb, weil wir die Bilder für geeignet und amüsant hielten. Zwischen Alexandrien und Abu Simbel gibt es eine Fülle von Monumenten und Trümmerstätten, die immer wieder gezeichnet, skizziert oder gemalt wurden, andere, nicht weniger interessante Monumente scheinen dagegen seltener aufgesucht worden zu sein. Wieder andere waren seinerzeit kaum bekannt – etwa die herrlichen Tempel in Abydos und Deir el-Bahari.

Auch manche Künstler mußten übergangen werden, wenn sie z. B. weniger an topographischen Gesamtansichten, sondern mehr an Details von Monumenten und Inschriften interessiert waren, oder wenn ihre allzu zarten, kontrastarmen Skizzen sich nicht für die drucktechnische Wiedergabe eigneten. Hierzu gehören die Briten James Burton, Edward Dodwell und Henry Parke, die Franzosen Jean-Baptiste Adanson, Jean Nicolas Huyot und Nestor L'Hôte sowie der Schwede Baltzar Cronstrand. Manche hinterließen so reichhaltiges Material, daß die Auswahl sehr viel Fingerspitzengefühl erforderte. L'Hôte hatte das Glück, die Aufmerksamkeit von Madame Vandier D'Abbadie zu erwecken. Ein Teil des Werks von Sir John Gardner Wilkinson wird in Kürze auf Mikrofilm vorliegen, und es steht zu hoffen, daß sich auch eine Möglichkeit findet, Leslie Tilletts Arbeit über die Manuskripte und das Tagebuch von Robert Hay zu veröffentlichen.

Vor allem ein Künstler überragt haushoch alle zeitgleichen Zunftgenossen, die wie er in Ägypten tätig waren, und zwar sowohl was die Anzahl der von ihm festgehaltenen Ruinenstätten und Monumente als auch seine Darstellungsweise angeht: Daniel Roberts. Von seinen Arbeiten lebt eine größere Zahl noch bis zum heutigen Tage fort, was weitgehend schon auf die bloße Tatsache zurückzuführen ist, daß er eine so ungeheure Menge von Skizzen und vollendeten Zeichnungen hinterließ. Außerdem ist er weithin durch die Lithographien seines Werkes *Egypt and Nubia* bekannt.

Wer eine Veröffentlichung wie die vorliegende vorbereitet, ist auf vielfältige Hilfe angewiesen und profitiert auf mannigfache Art vom Entgegenkommen anderer. Dies gilt für anregende Gespräche ebenso wie für bereitwillig überlassenes Originalmaterial. Ich fühle mich vielen zu Dank verpflichtet, insbesondere aber Rodney Searight, der allen, die zu ihm kommen, so großzügig seine reichhaltige Sammlung und sein bedeutendes Wissen über die im Mittleren Osten tätigen Künstler zugänglich macht. Verbunden fühle ich mich auch Michael Wolfe-Barry (dem Urenkel von Sir Charles Barry) und seiner Gattin Margaret. Mit beiden unternahm ich im März 1980 eine unvergeßliche Nilfahrt. Weiterer Dank gebührt Helen Guiterman, Frank Bicknell (dem Urenkel von David Roberts) und Helen Murray vom *Griffith Institute* in Oxford, die meine Anfragen stets mit gleichbleibender Liebenswürdigkeit beantwortete und mir Zugang zu wichtigem Archivmaterial ermöglichte, desgleichen den Mitarbeitern der Zeichnungensammlung *(Drawings Collection)* der Bibliothek des Königlichen Instituts Britischer Architekten *(Royal Institute of British Architects)* in London, die es nie an Hilfe und Zuvorkommenheit fehlen ließen, wenn ich ihrer bedurfte, schließlich den Bibliothekarinnen und Bibliothekaren der *Society of Antiquaries of London*, deren Bibliothek einige Kupferstiche älteren Datums enthält. Nicht zuletzt jedoch gebühren Dank und Anerkennung meiner Frau – mußte sie doch so lange Jahre ihr Leben mit jenen ›Geistern‹ verbringen, die ich in meinem Manuskript beschwor, insbesondere mit dem Geist Giovanni Battista Belzonis! P. A. C.

I. Die Wiederentdeckung Ägyptens

Das siegreiche Gallien bei der Wiederentdeckung Altägyptens. 1826 von J. J. Barre geschaffene Bronzemedaille zur Erinnerung an die Eroberung Ägyptens durch Frankreich im Jahre 1798 sowie an die Förderung der *Description de l'Égypte* durch Ludwig XVIII. (vgl. Seite 31).

Die Anfänge

Der erste Tourist, der Ägypten besuchte und eine Schilderung von Land und Leuten hinterließ, war Herodot von Halikarnassos (um die Mitte des 5. Jahrhunderts v. Chr.). ›Vater der Geschichte‹ (wie ihn Jahrhunderte später der römische Staatsmann, Rhetor und vielseitige Autor Cicero nannte), trug Herodot das Material für das zweite Buch seines Geschichtswerkes an Ort und Stelle zusammen. Zu diesem Zweck reiste er weit in Ägypten umher, wobei er bis nach Assuan gelangte. Sein Bericht ist eine faszinierende Lektüre – ein Gemisch aus Fakten und Fabeln, aus Erstaunen, Zweifel und Leichtgläubigkeit, wenn auch in unterschiedlichem Mischungsverhältnis. Bisweilen bringt er recht nachdrücklich seine eigenen Ansichten über das zum Ausdruck, was ihm zu Ohren gebracht wurde (und zwar ausschließlich von Mitgliedern der altägyptischen Priesterschaft). Beispielsweise vermag er nicht zu glauben, daß das jährliche Anschwellen des Nils, wie man ihm erklärte, durch Schneeschmelze hervorgerufen werde. »Denn was soll es heißen«, so fragt er, »daß der Nil aus geschmolzenem Schnee hervorfließe? Kommt er doch aus Libyen, strömt mitten durch Äthiopien und dann nach Ägypten. Wie soll er also im Schnee entspringen, da er doch aus den heißesten Gegenden kommt und in wesentlich kühlere Länder fließt?« Seine Überlegung nimmt sich recht vernünftig aus, und doch traf die Erklärung zu. Anderswo übernimmt er dagegen die ausgefallensten Erzählungen und gibt sie weiter. Überraschenderweise trafen eine ganze Reihe seiner Kommentare durchaus das Richtige, so wenig man auch glaubte, sie ernst nehmen zu müssen. Herodots Darstellung diente im Lauf der nächsten vier Jahrhunderte anderen Schriftstellern der klassischen Antike als Informationsquelle. So stützen sich

Diodor von Sizilien und Strabon in ihren eigenen Schriften weitgehend auf Herodots Geschichtswerk, erweitern aber das von Herodot Übernommene durch eigene Beobachtungen. Während des Klassischen Altertums lockte Ägypten zahlreiche Touristen an, wie viele heute noch sichtbare griechische und lateinische Graffiti beweisen. Doch schon während der Saïtenzeit (XXVI. Dynastie, 664–525 v. Chr.), also ein bis zwei Jahrhunderte vor Herodots Ägyptenreise, erwachte bei den Ägyptern selbst lebhaftes Interesse an ihrer frühen Geschichte. Man untersuchte alte historische Aufzeichnungen und Überlieferungen, die Kunst griff auf die Formensprache des Mittleren, ja des Alten Reiches zurück, besonders in der Bildhauerei, und man restaurierte auch das eine oder andere Monument jener Zeit. So wurde der hölzerne Sarg des Menkawrê (Mykerinos), der um 2500 v. Chr. die kleinste der drei großen Pyramiden bei Gizeh (Giza/Gise) erbaut hatte, damals instandgesetzt, möglicherweise auch sein steinerner Sarkophag [Abb. 13].

Nach der Schlacht von Actium (31 v. Chr.) wurde Octavian, wie der nachmalige Kaiser Augustus damals noch hieß, Herr Ägyptens, und Ägyptens letzte ptolemäische Königin, Kleopatra VII., beging knapp ein Jahr später (30 v. Chr.) Selbstmord. Obwohl Ägypten noch im selben Jahre (30 v. Chr.) Teil des Römerreiches wurde, behielt es doch einen seltsamen Sonderstatus. Es wurde zwar von Rom aus regiert, und man stationierte römische Legionen (die III. *Augusta* und die XXII. *Deiotariana*) am Nil, doch unterstand das Land der persönlichen Herrschaft des Imperators. Seine Bedeutung als ›Kornkammer des Reiches‹ war so groß, daß nicht einmal Mitglieder des Kaiserhauses oder des römischen Senats ohne ausdrückliche kaiserliche Erlaubnis das Land besuchen durften. In Augustus' Regierungszeit, die bis 14 n. Chr. dauerte, begann man damit, ägyptischen Monumenten neue Standorte in Ägypten selbst zuzuweisen oder sie gänzlich außer Landes zu verschleppen – ein Trend, der im 19. Jahrhundert seinen Höhepunkt erreichen sollte.

Altägyptische Obelisken konzentrierten sich vor allem auf zwei Haupt-Kultzentren: auf Heliopolis (beim heutigen Kairo) im Norden und Theben (das heutige Karnak und Luxor sowie dessen unmittelbare Umgebung) im Süden. Zwar traten Obelisken auch einzeln auf, die Obelisken aus der Zeit des Mittleren und Neuen Reiches sowie aus späterer Zeit aber standen in der Regel paarweise vor den mächtigen Tempeltoren (Pylonen [Abb. 39]). Eine Anzahl von ihnen verfrachtete man nach Alexandrien, um sie dort neu aufzurichten, andere sandte man bis nach Rom. Plinius widmet den Obelisken Kapitel 4 des 26. Buches seiner ›Naturgeschichte‹ *(Naturalis Historia)* und weiß nicht nur von vielen dieser Steinmale Einzelheiten zu berichten, sondern auch von den Pharaonen, die sie einst hatten aufstellen lassen. Die gedrungenen Obelisken des Alten Reiches waren aus Steinen aufgemauert, ihre wesentlich schlankeren Nachfolger aus der Zeit des Mittleren und des Neuen Reiches sowie aus späteren Epochen aber bezog man als riesige Granit-Monolithe aus den Steinbrüchen bei Assuan [Abb. 63] und transportierte sie zu Schiff nilabwärts zu ihren Bestimmungsorten, wo man letzte Hand an sie legte. Einzelheiten der Transportschiffe läßt ein Relief im Totentempel der Königin Hatschepsut zu Deir el-Bahari (nach 1479 v. Chr.) erkennen, das den Transport zweier für Karnak bestimmter Obelisken zeigt. Plinius berichtet: »Das schwierigste, was Menschen je unternahmen, war der Transport dieser Obelisken zur See nach Rom. Man benutzte dazu Seefahrzeuge, die allergrößte Bewunderung verdienen.« Tatsächlich weihte der verewigte Kaiser Augustus in den Docks von Puteoli jenes Frachtschiff, das den ersten Seetransport eines Obelisken durchgeführt hatte, zum dauernden Denkmal dieses ruhmreichen Unternehmens. Allerdings wurde es durch Feuer zerstört. Ein weiteres Schiff, das auf Caligulas Befehl abermals einen Obelisken befördert hatte, wurde mehrere Jahre als Wunder der Schiffsbaukunst aufbewahrt, dann nach Ostia überführt, wo man es versenkte und als Arbeitsplattform für Bauarbeiten im neuen Hafen verwendete.

Für die Altägypter symbolisierte der Obelisk *Benben* den heiligen Stein des Sonnengottes in Heliopolis (s. S. 60). Viele wurden eigens für Amun-Rê aufgestellt, und ihre Inschriften enthalten unverändert entweder Anrufungen an den Gott oder Siegesinschriften des Königs, der den Obelisken errichtet hatte. Zur Römerzeit war die Kenntnis der Hieroglyphenschrift bereits weitgehend verloren gegangen. Plinius jedenfalls konnte die Hieroglyphen nicht lesen und behauptete unzutreffend, zwei in Rom wiedererrichtete Obelisken – nämlich der im Circus Maximus (heute auf der Piazza del Popolo) und der auf dem Campus Martius (heute auf der Piazza Montecitorio) – trügen Inschriften, die »das Wirken der Natur gemäß der Philosophie der Ägypter« erklärten. Der Obelisk auf dem Campus Martius diente als *Gnomon*, als Zeiger einer riesigen Sonnenuhr, und die Inschrift *Soli donum dedit*, die Augustus an seinem Sockel anbringen ließ, verkündete, er sei der Sonne geweiht – eine durchaus nicht unpassende Anknüpfung an die ursprüngliche Bestimmung dieses Steinmales.
Der erste Obelisk, der – gleichfalls unter Augustus – nach Rom gebracht worden war, steht heute auf der Piazza del Popolo. Im Jahre 10 v. Chr. wurde er im Circus Maximus aufgerichtet, und zwar auf der niedrigen Rennbahn-Trennmauer, der *Spina*. Abgesehen davon, daß auch er dem römischen Sonnengott – Sol – geweiht war, sollte er auch an Ägyptens Unterwerfung durch Octavian/Augustus erinnern. Nach diesen ersten Anfängen brachte man immer mehr Obelisken zu Schiff nach Rom. Heute stehen noch 13 in der ›Ewigen Stadt‹, die zu unterschiedlichen Zeitpunkten ihre heutigen Standorte erhielten: auf dem Petersplatz (1586), auf dem Esquilin (1587), vor der Lateranbasilika (1588), auf der Piazza del Popolo (1589), auf der Piazza Navona (1649), auf der Piazza della Minerva (1667), auf der Piazza della Rotonda (1711), auf der Piazza del Quirinale (1786), vor der Kirche Trinità dei Monti (1789), auf der Piazza Montecitorio (1792), vor der Villa Celimontana (1817), auf dem Monte Pincio (1822) und schließlich in der Viale delle Terme (1925). Sieben dieser Obelisken zeigen noch Inschriften aus der Pharaonenzeit, zwei sind mit Inschriften römischer Kaiser versehen, einer trägt einen pseudoägyptischen Text, und der Rest weist keinerlei Inschrift auf.
Freilich – als Rom zerfiel, stürzten auch die Obelisken. Im Mittelalter und in der Neuzeit allerdings erwachte das Interesse an Altägypten erneut und rief zahlreiche ernsthaft bemühte Forscher, aber auch Pseudogelehrte auf den Plan, die den Hieroglyphen mehr oder weniger phantastische Deutungen beilegten. Eine überragende Stellung unter den Gelehrten, die sich an der Entschlüsselung der Hieroglyphen versuchten, nahm der vielseitige Jesuit Athanasius Kircher (1602–1680) ein. Er gab sich alle erdenkliche Mühe, die Namen an den Obelisken Roms zu entziffern, ließ sich aber – wie so mancher seiner Zeitgenossen – dadurch in die Irre führen, daß er die Hieroglyphen für Zeichen rein symbolischen Charakters hielt. Gleichviel – Kirchers Werk über das Koptische und die vier Bände seines *Oedipus Aegypticus* (1652–1654) trugen wesentlich dazu bei, das Interesse an Altägypten zu wecken und waren zweifellos die bedeutendsten Veröffentlichungen bis zur Ägyptischen Expedition Napoleons rund 150 Jahre später.
Für das christliche Europa war Ägypten nicht nur ein Land voller Rätsel, sondern auch voll biblischer Reminiszenzen, was sich am deutlichsten in der Moses- und Josephstradition zeigte (es geschah gar nicht selten, daß man die Pyramiden als ›Kornhäuser Josephs‹ bezeichnete). Allerdings fanden nun nur noch unerschrokkene Reisende hierher, samt und sonders Pilger auf dem Wege zum Heiligen Land, die auch von Ägypten das eine oder andere sahen, sich jedoch in der Hauptsache auf das Deltagebiet und die unmittelbare Umgebung der Pyramiden von Gizeh beschränkten. Nur wenige wagten sich weiter südwärts. Eine der Hauptschwierigkeiten bestand darin, daß Ägypten seit der Araberinvasion im 7. Jahrhundert unserer Zeitrechnung kein christliches Land mehr war und die Reisenden sich kaum als sonderlich willkommene Gäste fühlen durften. Dem Evangelisten Markus schrieb man zu, einst das Christentum in Ägypten eingeführt zu haben. Später brachte das christliche Ägypten nicht nur den Einsiedler

Antonius und andere Wüstenväter hervor, sondern Alexandrien entwickelte sich zu einem der Hauptzentren frühchristlicher Theologie. Diese reiche christliche Tradition hatte nach einer Phase erbitterter Lehrstreitigkeiten dem Islam weichen müssen. Zurück blieb eine Minderheit theologisch uneiniger koptischer Christen. Typisch für das, was ein abendländischer Christ während des Mittelalters im islamisch gewordenen Ägypten zu erdulden hatte, ist, was Bernhard dem Weisen und seinen zwei Gefährten widerfuhr, die im ausgehenden 9. Jahrhundert, von Rom kommend, in Alexandrien landeten. Man bat sie erst einmal kräftig zur Kasse, bevor sie überhaupt an Land gehen durften. Was man ihnen an Dokumenten mitgegeben hatte, erwies sich als wertlos, als sie sich schließlich auf den Weg nach der einstigen Römerfestung Babylon machten, einem der Siedlungskerne des nachmaligen, seinerzeit noch nicht gegründeten Kairo (heute ›Alt-Kairo‹ mit römischen Ruinen, einer Synagoge, mehreren Kirchen, einem Kloster und dem Koptischen Museum am Südrande der Stadt). In Babylon eingetroffen, verschwanden die Pilger erst einmal für sechs Tage hinter Schloß und Riegel, bevor sie sich mit Bestechungsgeldern freikauften. Doch die neuen Schutzbriefe bewahrten sie keineswegs davor, immer wieder aufs neue zahlen zu müssen, wenn jemand ihre Dokumente zu sehen verlangte. Schließlich erreichte die Schar Jerusalem auf dem Landwege. Nach derartigen Erfahrungen und angesichts der von Christen zu zahlenden Kopfsteuer ist es nicht verwunderlich, daß sich in den folgenden 600 Jahren kaum jemand nach Ägypten wagte.

Der erste Reisende, der an der Schwelle zwischen Mittelalter und Neuzeit einen einigermaßen umfassenden Bericht lieferte, war der Dominikanermönch Felix Fabri aus Ulm. 1480 entschloß er sich, ins Heilige Land zu pilgern. Er reiste zu Lande und zur See nach Jerusalem. Auf dem Rückweg kam er 1483 durch Sinai und Ägypten. Sein *Evagortium in Terram Sanctam* (›Lobpreis des Heiligen Landes‹) kann sich mit Chaucers *Canterbury Tales* messen, was die Art angeht, wie man als Leser gepackt wird und die Pilgerfahrt miterlebt. Voller Schrecken und Wunder war die Reise durch die Wüste nach dem Berge Sinai, dem Katharinenkloster und der Stätte des brennenden Dornbusches. Sie umfaßte 26 Tage, und nur Menschen mit besonders kräftiger Kondition durften hoffen, sie zu überleben. Schließlich gelangte man nach Kairo, um den Marienbrunnen in Matarijeh (bei Heliopolis) sowie in der Abu Serge-Kirche von Alt-Kairo die Krypta zu besuchen, in der die Heilige Familie gewohnt haben soll, als sie nach Ägypten geflohen war. Man sah die Pyramiden, und als die Pilger schließlich in Alexandrien ein Schiff nahmen, das sie wieder nach Europa bringen sollte, verzeichnet Fabri »eine sehr bemerkenswerte Säule, ganz aus einem Stein, doch von staunenerregender Höhe und Weite. An allen vier Seiten waren von oben bis unten Menschen, Tiere und Vögel eingeschnitten, aber niemand weiß mehr, was diese Figuren bedeuten«. Vierhundert Jahre später verließ auch dieser Obelisk [Farbtafel VI] Alexandrien, um im New Yorker Central Park einen neuen Platz zu finden.

Nach Anbruch der Renaissance und nachdem sich die Verhältnisse im Mittleren Osten mehr und mehr stabilisiert hatten, kamen zunehmend mehr Reisende an die Südküste des Mittelmeeres. Venedigs mächtige Galeeren zeigten in Alexandriens Hafen wieder Flagge. Sie kehrten damit an einen Ort zurück, aus dem einst (828 n. Chr.) Venezianer die Reliquien des Evangelisten Markus gestohlen hatten, um aus ihrer eigenen Stadt ein Pilgerziel an der Adria zu machen. Nach wie vor veröffentlichte man Berichte voll wilder Phantastereien. Die Zeichnungen vom großen Sphinx und den Pyramiden von Gizeh, die nun verbreitet wurden, sind ebenso erheiternd wie ungenau. Als erste Abhandlung über die Pyramiden, welche die Bezeichnung ›wissenschaftlich‹ rechtfertigt, hat man wohl John Greaves' *Pyramidographia* (1646) anzusehen. Inhaber des Oxforder Lehrstuhls für Astronomie und hervorragender Kenner des astronomischen Schrifttums der klassischen Antike und der arabischen Welt, betrachtete Greaves die Pyramiden unter astronomischen Aspekten. Auch in dieser Hinsicht war er seiner Zeit voraus und blieb es bis zur Expedition der Franzosen im Jahre 1798.

Noch mehr Reisende kamen, und sie gelangten bereits weit nilaufwärts, doch obwohl sie aus den Trümmern von Karnak und Luxor Obelisken ragen sahen, kam niemand auf den Gedanken, dies sei vielleicht Homers »hunderttoriges Theben«. Mit Recht hebt Leslie Greener in *The Discovery of Egypt* hervor, daß die Lebendigkeit der damals veröffentlichten Berichte diese Schilderungen zu einer durchaus genußreichen, wenn nicht noch immer informativen Lektüre macht.

Im 16. Jahrhundert erwachte ein lebhaftes Interesse an den Obelisken, die allmählich wieder zum Vorschein kamen. Der vatikanische Obelisk war der einzige, der noch stand. Augustus hatte ihn einst auf dem Iulischen Forum in Alexandrien errichten lassen, Caligula jedoch ließ das Forum niederreißen und den Obelisken nach Rom bringen, wo er 37 n. Chr. einen neuen Standort erhielt. Wie die bronzene Reiterstatue Mark Aurels auf dem Kapitol, entging der Obelisk auf dem Vatikan dem Schicksal, als heidnisches Symbol gestürzt zu werden, wohl nur wegen seiner angeblichen Beziehung zum Frühchristentum. Der Apostel Petrus, so hieß es, habe mit Tausenden anderer Christen im Circus auf dem Vatikan den Tod gefunden, und man betrachtete den Obelisken als stummen Zeugen für das Martyrium des Fischers aus Galiläa. Bereits einige Päpste des frühen 16. Jahrhunderts hatten mit dem Gedanken gespielt, diesen vatikanischen Obelisken auf den Platz vor der riesigen St. Petersbasilika zu verpflanzen. Doch gab es immer wieder Schwierigkeiten. Vor allem fehlte es an Geld.

Es blieb dem Franziskaner Sixtus V. (Papst 1585–1590) vorbehalten, zu vollenden, was anderen nicht gelungen war. Ein ordnungsgemäß geweihter und damit seiner heidnischen Fluchwürdigkeit entkleideter Obelisk galt nun als ein mit der christlichen Kirche und ihrer Lehre durchaus zu vereinbarendes Monument. In den fünf Jahren seines kurzen, für Rom allerdings folgenreichen Pontifikates ließ Sixtus vier Obelisken wiedererrichten; und bevor der Tod ihn ereilte, zeigte er sich daran interessiert, drei weitere wiederaufstellen zu lassen. Sie befinden sich heute auf der Piazza Navona, vor der Kirche Trinità dei Monti (über der Spanischen Treppe) und auf dem Quirinal. Auf der Bildseite einer Bronzemedaille erblicken wir Sixtus in prunkvollem Ornat, während die Rückseite die von der Beischrift CRUCI FELICIUS CONSECRATA (›heilbringender dem Kreuz geweiht‹) umrahmten vier Obelisken zeigt. Von links nach rechts handelt es sich um den Obelisken auf der Piazza del Popolo, den vor der Lateranbasilika (San Giovanni in Laterano), den auf dem Petersplatz und den auf dem Esquilin.

Sixtus beauftragte seinen Baumeister Domenico Fontana, dem das heutige Stadtbild Roms so viel verdankt, den inschriftslosen Obelisken aus dem ehemaligen Circus Kaiser Neros auf dem Vatikan umzulegen, um ihn auf dem Petersplatz neu zu errichten – eine Aufgabe, für die die Bezeichnung ›entmutigend‹ geradezu Schönfärberei wäre. Die Sache wurde dadurch nicht besser, daß man gleichzeitig ein riesiges steinernes Gegengewicht von etwa 326 Tonnen und 25,37 m Länge mitheben und -senken mußte, das bei jedem ungeschickten Seilzug in Stücke zu bersten drohte. Fontana konstruierte einen riesigen Trog aus Holz, der den Obelisken aufnehmen und seine Handhabung erleichtern sollte. Doch als man das Steinmal anhob, stellte sich heraus: Vier bronzene Krebse von je 150 kg Gewicht verbanden den Obelisken mit seinem Piedestal. Zwei dieser Krebse hatten sich gelöst, doch zwei waren noch immer schwalbenschwanzförmig sowohl mit dem Obelisken als auch mit dem Sockel verzapft, und nichts ging mehr, bevor man sie nicht aus dem Stein herausgemeißelt hatte. Diese bronzenen Krebse, die Weihungen an den Sonnengott trugen, rührten von der Wiedererrichtung des Obelisken im antiken Rom her. Am 28. April 1586 schloß sich die hölzerne ›Wiege‹ um den Obelisken, das Denkmal wurde langsam zu Boden gelassen, zum Petersplatz geschleppt und dort neu aufgestellt. Seine offizielle Neueinweihung fand am 26. September statt. Das Ereignis rief damals bei den Römern außerordentliches Aufsehen hervor, und Fontana wurde mit Ehren überhäuft. Sixtus drang in ihn, anschließend sofort den esquilinischen Obelisken aufzurichten, der einst zusammen mit einem anderen vor dem Augustusmauso-

Von Perletti geschaffene Bronzemedaille für Papst Sixtus V. (1585–1590). Auf der Rückseite (oben) die vier Obelisken, die Sixtus durch Domenico Fontana in Rom wiedererrichten ließ.

Pietro della Valle: *Untersuchung von Mumien in Dahschur.* Aus: Pietro della Valle: *Reiss-Beschreibung in unterschiedliche Theile der Welt . . .* (Genf 1674), der ersten bebilderten deutschsprachigen Ausgabe des betreffenden Werkes.

leum auf dem Marsfeld gestanden hatte. Er war viel kleiner als der vatikanische, und Fontana konnte ihn im August 1587 aufrichten. Daraufhin nahm man sich des Obelisken an, der sich einst im Circus Maximus erhoben hatte. Kaiser Konstantin der Große hatte ihn aus dem Amun-Tempel von Karnak (Theben, Farbtafel XI) nach Alexandrien bringen lassen, und sein Sohn Constantius ließ ihn 357 n. Chr. nach Rom weiterbefördern. Dort stellte man ihn in der Mitte der *Spina* auf (den vorhandenen Obelisken aus der Zeit des Augustus versetzte man nach Osten). Nun fand man den konstantinischen Obelisken, in drei Teile zerbrochen, in großer Tiefe. Abermals mußte Fontana beweisen, was er konnte, und tatsächlich gelang es ihm, auch diesen Obelisken wiederaufzustellen: Er erhebt sich seit August 1588 vor der Lateranbasilika. Es ist der größte der Obelisken Roms (32,18 m hoch, 455 t schwer). Sixtus' vierter und letzter Obelisk war einst als erster aus Ägypten gekommen. Man entdeckte seine Fragmente im Circus Maximus, wo schon unter dem Pontifikat des Sixtus-Vorgängers (Gregor XIII., 1572–1585) sein Sockel mit Augustus' Inschrift gefunden worden war. Fontana stellte auch ihn im März 1589 auf der Piazza del Popolo wieder auf.

In der Regel auf päpstliche Anordnung hin errichtete man auch künftig in Rom Obelisken – bis hin zum letzten, dem 1883 entdeckten sogenannten Dogali-Obelisken. Ursprünglich 1887 vor dem alten Hauptbahnhof aufgestellt, erwies er sich als Verkehrshindernis und erhielt schließlich 1925 seinen endgültigen Platz. Seine Hieroglyphen künden vom Ruhm Ramses' II., die Inschrift am Sockel dagegen feiert das Andenken von 500 italienischen Soldaten, die 1887 bei Dogali (in Abessinien) fielen.

Im 17. und im frühen 18. Jahrhundert mehrte sich die Zahl der Reisenden, die nicht mehr nur als Pilger oder wagemutige Handelspioniere, sondern aus purem Wissensdurst nach Ägypten kamen. Eine besonders wichtige Rolle spielte Pietro della Valle (1586–1632), der die Pyramiden von Gizeh sowie die sie umgebenden Baudenkmäler beschrieb und neben anderen Objekten auch Mumien sammelte. Zwei der Mumien, die er aus Dahschur mitgebracht hatte, befanden sich im

Friderik Ludvig Norden: *Sphinx und Pyramiden von Giza.* Aus: F. L. Norden: *Travels* (London 1757).

Museum in Dresden und verbrannten dort, als Dresden gegen Ende des Zweiten Weltkrieges durch Bomben zerstört wurde. Viele Reisende freilich waren noch immer Männer der Kirche. So kam 1707 der Jesuitenpater Claude Sicard (1677–1726), ein französischer Missionar, nach Kairo und unternahm zahlreiche Abstecher ins ›Landesinnere‹. Er entdeckte und identifizierte Theben, woran vor ihm schon so viele achtlos vorbeigereist waren. Und soweit wir wissen war er der erste europäische Reisende seit dem Altertum, der bis nach Assuan kam, wo er die Tempel von Kôm Ombo, Elephantine und Philai beschrieb. Obwohl sein Hauptziel darin bestand, die Kopten zum Anschluß an die römisch-katholische Kirche zu bewegen, hatte er doch von Philipp von Orléans die Anweisung erhalten, auf altägyptische Monumente zu achten und sie zu zeichnen, wenn er zu den großen koptischen Klöstern und Gemeinden reiste. Im Jahre 1722, vier Jahre, bevor er an der Pest starb, hatte er zahlreiche der wichtigsten Monumente Altägyptens lokalisiert: 20 der bedeutendsten Pyramiden, 24 komplette Tempel und mehr als 50 mit Malereien geschmückte Gräber. Ein weiterer Franzose, Paul Lucas (1664–1737), reiste als Antiquitätensammler im Nahen Osten umher. Bekannt wurde er vor allem dadurch, daß er die ausgedehnten unterirdischen Gänge und Gewölbe in Saqqâra untersuchte, in denen man Mumien der heiligen Ibisse beizusetzen pflegte. Erst in letzter Zeit wurden dort von der *Egypt Exploration Society* neue Forschungsarbeiten durchgeführt. Thomas Greenhill, ein englischer Arzt, veröffentlichte 1705 in seinem Buch *NEKPOKHΔEIA, or the Art of Embalming* (›Der letzte Liebesdienst an den Toten oder die Kunst des Einbalsamierens‹) einen Kupferstich der dortigen Katakomben, hatte allerdings selbst nie ägyptischen Boden betreten. Eine gründlichere Untersuchung antiker Stätten in Mittel- und Oberägypten verdanken wir Dr. N. Granger aus Dijon († 1733), der in Abydos den herrlich dekorierten Tempel Sethos' I. (XIX. Dynastie) entdeckte. Er war unter Flugsand begraben, und obwohl es Dr. Granger gelang, durch ein Fenster des Bauwerkes einzudringen, nachdem er »rundum alles ausgeschaufelt« hatte, nahm man doch von seiner Entdeckung erst dann wirklich Notiz,

nachdem Mariette das Heiligtum 1859 von der Last des angewehten Sandes befreit hatte.
1743–1745 veröffentlichte der Geistliche Richard Pococke (1704–1765), nachmals Bischof von Ossory und Meath, zwei Foliobände unter dem Titel ›Eine Beschreibung des Ostens und einiger anderer Länder‹. Pococke war ein erfahrener Reisender, und seine detaillierten Schilderungen, Kommentare und Maßangaben einer Reihe von Monumenten, die er 1737/38 noch sah, die aber bereits verschollen waren, als ein Jahrhundert später französische und deutsche Gelehrte ihre Aufzeichnungen machten, sind von unschätzbarem Wert. Ebenso wie später die Franzosen, war auch er von den astronomischen Darstellungen an der Decke des ptolemäischen Tempels zu Dendera [Abb. 32] tief beeindruckt, und er kam der Wahrheit näher, als er die Vermutung äußerte, sie sei das Werk »eines der besten griechischen Bildhauer« (die Franzosen hielten sie wegen der Wiedergabe der Tierkreiszeichen für sehr alt). Zur gleichen Zeit wie Pococke war der dänische Schiffskapitän Friderik Ludvig Norden (1708–1742) unterwegs. König Christian VI. von Dänemark hatte ihn mit dem ausdrücklichen Auftrag nach Ägypten gesandt, einen möglichst genauen Bericht über Land und Leute zu liefern. Seine außerordentlich kluge, mit informativen Zeichnungen bebilderte Reisebeschreibung erschien 1751 und wurde auch ins Deutsche übersetzt. Der letzte der großen Ägyptenreisenden des 18. Jahrhunderts war James Bruce (1730–1794) aus Kinnaird in Schottland. Er bereiste seit 1762 die südlichen Küstenländer des Mittelmeeres, brach dann 1768 weiter nach Süden auf, gelangte bis nach Abessinien, wo er sich mehr als drei Jahre aufhielt, und kehrte erst 1773 nach Großbritannien zurück. Er erforschte auch eine Reihe altägyptischer Stätten. Das Grab Ramses' III. (Grab Nr. 10 im Tal der Könige, auch Harfnergrab genannt, weil es zwei Darstellungen von Harfenspielern enthält), wird bisweilen als ›Bruces Grab‹ bezeichnet, weil Bruce es freilegte.
Dies also war die Situation, dies der Stand des Wissens gegen Ende des 18. Jahrhunderts. Die Zeit der allzu phantasievollen Reiseschilderungen neigte sich ihrem Ende entgegen. Lange hatte Ägypten als Quell aller Rätsel und Geheimnisse gegolten. Diesen Ruf verdankte es nicht zuletzt der Faszination seiner Mumien und ihrer angeblich medizinischen Eigenschaften. In seiner von der Entdeckung eines Urnengrabfeldes inspirierten Schrift *Hydriotaphia, or Urn Burial* (›Hydriotaphie oder Urnenbestattung‹) schildert Sir Thomas Browne 1658, wie man zerstoßene und in Flüssigkeit aufgelöste Mumiensubstanz als Allheilmittel verwandte. Auch später erzielten Mumien, teils als Kuriositäten, teils als vermeintliche Arznei, hohe Preise. Erst die Ägypten-Expedition der Franzosen öffnete die Tür für Ägyptens Wiederentdeckung in sachgerechterer, wissenschaftlicher Form. In der Folge raubte man Mumien eher wegen der ihnen einst mitgegebenen Papyri, statt sie wegen angeblicher medizinischer Eigenschaften aufzubrechen.

Die französische Ägypten-Expedition und ihre Folgen

Kurz nach Tagesanbruch segelte am 19. Mai 1798 ein französischer Flottenverband aus dem Hafen von Toulon. Eine wahre Armada, mit mehr als 34000 Menschen, dazu Tieren, Geschützen und Munition an Bord, stach mit unbekanntem Ziel in See. Zwar wußte es kaum jemand – doch das Ziel hieß Ägypten, und der Zweck des Unternehmens war die ›Befreiung‹ des Landes von der Fremdherrschaft der Osmanen, der Türken, über die der Sultan in Konstantinopel herrschte. Seit Jahrhunderten betrachtete man in Europa die Türken mit Argwohn, ja mit Angst. Man hatte zuviel von Grausamkeiten gehört, die Türken an gefangenen Christen begangen hatten. Derartige Dinge spielten beispielsweise eine große Rolle, als es einst zur Seeschlacht von Lepanto (1571) kam.
Aber auch Frankreich und seinen Karrieregeneral Bonaparte betrachtete man im Europa des ausgehenden 18. Jahrhunderts mit Mißtrauen. Selbst im französischen Direktorium empfand man nach Napoleons so überaus erfolgreichem Italienfeldzug (1797) wohl kaum anders. Napoleon war jung, eine sieggewohnte

und selbstbewußte Führernatur, und Christopher Herbert hat sicher recht, wenn er äußert: »Es ist gefährlich, Helden beschäftigungslos herumlungern zu lassen.« England fühlte sich erst recht durch Napoleon bedroht, hatte man ihn doch zum Kommandeur der ›England-Armee‹ ernannt, doch glücklicherweise war der Korse damals der Ansicht, über nicht genug Mittel für eine Invasion zu verfügen. So wandte sich Frankreichs Augenmerk dem Osten zu, dem von inneren Schwierigkeiten geplagten Osmanischen Reich, das, so schien es, im Begriff war, eine leichte Beute für Russen oder Briten zu werden. Talleyrand, Frankreichs neugebackener Außenminister, begriff: Frankreich brauchte Kolonien und eine Ausweitung seines Handels. Was für einen besseren Schachzug gegen England hätte es also gegeben als die Blockade des über Ägypten führenden Landweges nach Indien? Frankreich bekam dabei auf Kosten des Osmanischen Reiches, das sich mit anderen Schwierigkeiten herumzuschlagen hatte, eine Kolonie und löste gleichzeitig das Problem des sehr rasch lästig gewordenen jungen Generals. Also beschloß man diese Expedition.

Außer der kriegerischen Fracht aus Menschen und Munition befand sich an Bord der Schiffe auch eine aus 167 Gelehrten und anderen Fachleuten bestehende Expertenkommission für Wissenschaft und Kunst. Ihr gehörten zahlreiche Koryphäen an, die praktisch das gesamte Wissen der damaligen Zeit verkörperten. Die Leitung dieser Forschungsgruppe lag in der Hand des Barons Dominique Vivant Denon. Sechzehn Kartographen und Landvermesser gehörten zu dem Arbeitsteam. Sie sollten bei der Geburt der modernen Ägyptologie eine bedeutende Rolle spielen. Kaum vorstellbar, daß nur etwa 40 Mann überhaupt gewußt haben sollten, wohin es ging. Die Flotte erreichte Malta, das nach nur zwei Tagen kapitulierte. Die *L'Orient* nahm den auf etwa 7 Millionen Goldfranc geschätzten Schatz der Malteserritter an Bord. Am 1. Juli kam Alexandrien in Sicht, und noch am selben Tage begann die Landung der Truppen am Marabut-Strandabschnitt, rund 13 km westlich der Stadt. Ohne geeignete Seekarten unmittelbar in die beiden Häfen von Alexandrien einzulaufen, hätte ein zu großes Wagnis bedeutet und auch – vom militärischen Standpunkt aus betrachtet – Gefahr gebracht. Am frühen 2. Juli begann der Angriff auf Alexandrien, und schon am Morgen darauf ergab sich die Stadt. Weil er verwundet und genesungsbedürftig war, ließ man Generalmajor Jean-Baptiste Kléber als Militärgouverneur in Alexandrien zurück. Die Flotte wurde am Nachmittag des 7. Juli in die flache Bucht von Abukir verlegt, etwa 24 km östlich von Alexandrien, wo ein besserer Liegeplatz war. Dann zogen die Landstreitkräfte unter dem Befehl von Louis Antoine Desaix durch die Wüste nach Kairo.

Am 21. Juli, gegen 2 Uhr nachmittags, begann die französische Streitmacht vor den Linien der Mamelucken Aufstellung zu nehmen, die sich etwas weiter voraus formiert hatten. In der Ferne erblickte man die scharfen Konturen der Pyramiden von Gizeh, und so mancher mochte sich fragen, was es mit diesen Gebilden auf sich habe. Auf einer Reihe von Gedenkmedaillen, die später zur Erinnerung an die ›Schlacht bei den Pyramiden‹ geprägt wurden, sieht man Napoleon in unterschiedlicher Feldherrnpose im Schatten der Pyramiden, doch in Wirklichkeit hätte das Heer bis Gizeh noch etwa zwei Stunden zu marschieren gehabt. Seltsamerweise geben diese Medaillen auch falsche Daten an, verlegen sie die Schlacht doch auf den 23. oder gar 25. Juli!

Die 25000 Mann starke französische Streitmacht war sowohl zahlenmäßig als auch taktisch überlegen. Es gab ein entsetzliches Blutbad, als sich die Mamelukken – aus dem Sattel feuernd und ihre Krummsäbel schwingend – immer wieder gegen die französischen Karrees warfen. Die Schlacht dauerte etwa zwei Stunden, dann gaben sich die Mamelucken geschlagen und flohen.

Am 22. Juli kam aus Kairo eine Abordnung zu Napoleon, der bei Gizeh Stellung bezogen hatte. Zwei Tage später rückte Napoleon in Kairo ein und depeschierte einen detaillierten Bericht an das Direktorium in Paris.

Napoleon fühlte sich in seinem Hauptquartier in Kairo sicher, doch die Lage

Zwei Münzbilder, die auf unterschiedliche Art Napoleons berühmte Ansprache an seine Soldaten vor der Schlacht bei den Pyramiden wiedergeben: Oben eine Medaille mit einseitiger Prägung, darunter eine Bronzemedaille von A. Bovy.

General Louis François Lejeune: *Die Schlacht bei den Pyramiden* (1806). Auf dem hier wiedergegebenen Teil dieses Ölgemäldes erblickt man Napoleon ganz rechts zu Pferde, während seine Truppen die Mameluken in den Nil treiben. In der Ferne hinter einem Infanterie-Karree: die Pyramiden von Gizeh.

änderte sich sehr rasch. Im Mittelmeer hatte Admiral Nelson mit einem britischen Flottenverband die Franzosen gesucht. Daß sie Toulon verlassen hatten, war ihm bekannt. Ihr Ziel konnte er sich ausmalen. Nach längerem Blindekuhspiel kam ihm zu Ohren, daß die Franzosen tatsächlich nach Alexandrien gesegelt waren. So ließ er seine Seestreitkräfte auf Südkurs gehen. Schließlich näherten sich die Briten der ägyptischen Küste, und Kapitän Thomas Hood von der *Zealous* signalisierte, er habe die Franzosen gesichtet. Sie seien vor Anker gegangen. Nelson, der die ganze Zeit unter bohrendem Zahnschmerz litt, befahl, man solle das Dinner servieren und dann angreifen (in dieser Reihenfolge).

Die flache Bucht von Abukir ist von herrlichem, weitgeschwungenem Strand umgeben. Daher hatte der französische Admiral Brueys seine 13 Kriegsschiffe 2 km vor der Küste in Kiellinie ankern lassen, mit durchschnittlich 45 m Abstand zueinander. Den Schluß bildeten Brueys' vier Fregatten. Brueys glaubte, die Briten würden ein leichtes Seefahrzeug vorausschicken, um die Lage zu erkunden. Nelson ging jedoch anders vor. Seine Flotte aus 14 mit je 78 Kanonen bestückten Schiffen und der Brigg *Mutine* lief direkt auf die Franzosen zu. Brueys war der Ansicht, er sei an der Landseite durch das flache Wasser der Bucht hinreichend geschützt, und bei den meisten seiner Schiffe waren daher die landwärts gerichteten Geschütze nicht gefechtsklar. Doch am frühen Abend segelten die ersten britischen Schiffe zwischen der Westspitze des französischen Flottenverbandes und der Küste hindurch, manövrierten geschickt um die Untiefen herum, gelangten an die dem Land zugekehrte Seite der französischen Schiffe und konnten diese nun an deren ungeschützter Flanke breitseits angreifen.

Um acht Uhr abends war Admiral Brueys an Bord der *L'Orient* gefallen, sein Kapitän Louis Casabianca hatte eine Kopfverletzung erlitten, doch sein dreizehnjähriger Sohn ging in dieser Nacht in die Heldengalerie der Weltgeschichte ein, denn auch er erlitt als Mittschiffsmann zusammen mit seinem Vater den Tod, als das stolze Flaggschiff in die Luft flog und die Feuergarben seiner Explosion den schimmernden Schatz der Malteserritter in den Nachthimmel über der Bucht spieen. Felicia Dorothea Hemans verewigte ihn in jenem ebenso herzbewegenden wie seinerzeit sofort ungeheuer populären Gedicht, das mit den wohlbekannten Zeilen beginnt:

Der Knabe stand auf dem brennenden Deck,
Von dem alle andern geflohn . . .

Am Morgen des 2. August war die Schlacht vorbei. Nur vier französische Schiffe, die am äußersten Buchtende vor Anker gelegen hatten, waren der Vernichtung entgangen. Denon hatte die gesamte Seeschlacht vom Turm eines Klosters in der Nähe von Rosette beobachtet. Am Morgen des 1. August waren die Franzosen Herren Ägyptens. Nur einen Tag später, dies sah er klar, hatte die Marine verspielt, was das Landheer gewonnen hatte, und um das erhoffte Imperium war es geschehen. Napoleon und das französische Heer waren in Ägypten abgeschnitten.

England jubelte, als die Siegesnachricht eintraf. Nelson kam ins Oberhaus und wurde zum *Viscount Nelson of the Nile and Burnham Thorpe* (sein Geburtsort in Norfolk) erhoben. Alexander Davison, sein Prisenagent, ließ auf eigene Kosten in der Münzstätte zu Birmingham von Matthew Boulton gestaltete bronzene, bronzevergoldete, silberne und goldene Gedenkmedaillen schlagen, die – je nach Dienstgrad – jeder Schlachtteilnehmer erhielt. Auf der Rückseite zeigen diese Medaillen die bei Sonnenuntergang vor Abukir zum Angriff segelnde britische Flotte mit der Umschrift: ALMIGHTY GOD HAS BLESSED HIS MAJESTY'S ARMS (›Gott, der Allmächtige, segnete die Waffen Seiner Majestät‹) – die Worte, mit denen Nelsons Depesche an Georg III. begann und die Nelson voller Zuversicht bereits diktierte, als er sich noch wegen seiner Verwundung in ärztlicher Behandlung befand, die *L'Orient* noch lange nicht explodiert und der Ausgang noch keineswegs sicher war.

Die Schlacht auf dem Nil: Britische Schiffe schneiden den französischen Schiffen den Weg zum Ufer ab. Von C. H. Küchler geschaffene Gedenkmedaille für Alexander Davison. Rückseite.

Louis Casabianca und sein Sohn an Bord des untergehenden französischen Flaggschiffs *L'Orient*. 1910 von L. Patriarche geschaffene Bronzeplakette zur Erinnerung an die Seeschlacht bei Abukir.

Am Nil verfolgte inzwischen Desaix die in die Flucht geschlagenen Reste der Mameluckenstreitkräfte bis nach Oberägypten. In seiner Begleitung befand sich Vivant Denon (1747–1825), der als einer der Begründer der modernen Ägyptologie in die Kulturgeschichte eingehen sollte. Die Zeichnungen, die er und andere Mitglieder der Arbeitsgruppe anfertigten, waren für die monumentale Abschlußveröffentlichung bestimmt, die den Titel *Description de l'Egypte* (›Beschreibung Ägyptens‹) tragen sollte. Als sie 1809 erschien, lag bereits eine Vorauspublikation vor: Denons *Voyage dans la Basse et la Haute Égypte*. Denon weist sich durch dieses Buch als ein äußerst liebenswürdiger Charakter aus, der zwar, was immer er sah und erlebte, sachlich kommentierte, andererseits aber mißlichen Situationen durchaus auch ihre heitere Seite abzugewinnen vermochte. Sehr gut verstand er sich mit seinem Kommandeur, Desaix (1768–1800), der so etwas wie amüsierte Toleranz für den Gelehrten an den Tag legte, einem Scherz nicht abgeneigt war, ebenso nur in seine Uniform gewickelt unter einer Kanone schlafen konnte wie in einem bequemen Bett und den seine Leute im übrigen vergötterten.
Denon bemerkte sehr wohl: für die Militärs, denen es vor allem um die Verfolgung der Mamelucken ging, war er lediglich das ›fünfte Rad am Wagen‹. Dennoch äußerte er:

»Wenn mich Begeisterung für Altertümer häufig zum Soldaten werden ließ, so wurden andererseits durch die Bereitwilligkeit, mit der sie mir halfen, aus Soldaten nicht selten Altertumskundler.«

Sein wissenschaftlicher Eifer ließ ihn dann und wann die gebotene militärische Wachsamkeit vergessen, und eine kleine Patrouille, die ausgesandt worden war, um ihn wieder zum Haupt-Truppenkontingent zurückzubringen, mußte ihn förmlich am Kragen aus der Gefahrenzone zerren. Auch anderes Mißgeschick traf ihn:

»Es gibt gewisse unglückliche Momente, wo alles, was man auch tut, Gefahren oder Unfälle heraufbeschwört. Als ich von dieser Reise nach Beni Suëf zurückgekehrt war, befahl mir der General, eine Order nach vorn an die Spitze der Kolonne zu bringen. Ich galoppierte los, um den Befehl auszuführen. Da wandte sich plötzlich ein Soldat, der außerhalb der Reihe marschierte, nach links, während ich gerade rechts an ihm vorbeiritt, schwenkte mir sein Bajonett entgegen, und ehe ich ausweichen konnte, hatte mich der Stoß vom Pferd geworfen, auch er aber lag im selben Moment am Boden. ›Ein Gelehrter weniger‹, meinte er, als er stürzte (denn für ihn war jeder Nicht-Soldat ein ›Gelehrter‹), doch die durch das Bajonett verursachte Stichwunde war mit ein paar Pflastern, die ich in meiner Tasche bei mir trug, rasch verbunden, und ich kam mit einem zerrissenen Rock davon.«

Beni Suëf schien für Denon ein rechter Unglücksort zu sein – nur wenig später am selben Tage ging sein Pferd mit ihm durch, und erst nach Einbruch der Nacht kam er ins Lager zurück, verlor dabei den Weg, und als sein Pferd plötzlich innehielt, zwang er es zum Weitergehen. Es sprang über einen Graben, von dessen Existenz er nichts gewußt hatte, und landete vor einer Palisade. Roß und Reiter konnten nun weder vorwärts noch zurück.

»In diesem Augenblick rief mich der Wachposten an. Ich aber hörte ihn nicht, und so schoß er. Jetzt rief ich laut auf Französisch zurück. Er fragte mich, was ich dort zu suchen hätte, schimpfte mich aus und vertrieb mich. Und so wurde der ungeschickte Gelehrte von Bajonetten gestochen, beschossen, gescholten und wie ein Schulschwänzer nach Hause geschickt.«

Oft macht Denon, zum Leser gewandt, Seitenbemerkungen wie diese:

»Hier wird der gnadenlose Leser, der im tiefsten Frieden mit der Landkarte vor sich an seinem Tisch sitzt, dem bedauernswerten, hungrigen, geplagten, aller Mühsal des Krieges ausgesetzten Forschungsreisenden vorwerfen: ›Ich finde keine Bemerkung über Aphroditopolis, Krokodeilopolis, Ptolemaïs – was ist aus all diesen Städten geworden? Was hattest du dort zu suchen, wenn du nicht über sie berichten konntest? Hattest du denn kein Pferd zur Hand, das dich dorthin trug? Keine Armee, die dich schützte? Keinen Dolmetscher, der deine Fragen beantwortete? Und habe ich mich nicht darauf verlassen, daß du mir über all das berichtest?‹ Doch, lieber Leser, bitte, bedenke doch: Wir waren von Arabern und Mamelucken umgeben! Und aller Wahrscheinlichkeit nach hätte man mich gefangengenommen, beraubt, ja sogar umgebracht, wenn ich gewagt hätte, mich auch nur einige hundert Schritt von der Marschkolonne zu entfernen, um ein paar Ziegel aus Aphroditopolis zu holen.«

Louis Charles Antoine Desaix de Veygoux. Lithographie von F. S. Delpech nach einer Zeichnung des Generals Belliard.

Weil die Mamelucken auf ihrer Flucht immer wieder die Richtung wechselten, mußten Desaix' Truppen manche Strecke mehrmals zurücklegen. So hatte Denon Gelegenheit, einige alte Stätten mehrmals zu besuchen. Besonders freute es ihn, daß sich darunter Edfu [Abb. 57] und Dendera befanden. Bisweilen zerbrach er sich den Kopf darüber, wann ihm Zeit bleiben werde, seine Zeichnungen und Pläne anzufertigen. So vermerkt er beim Ramesseum in Theben:

»Es hätte einiger Zeit und einiger Untersuchungen bedurft, den Plan dieses Tempels zu ermitteln, doch die Kavallerie galoppierte weiter, und ich war einfach gezwungen, ihr dicht auf den Fersen zu bleiben, um nicht für alle Zeit meine Forschungen aufgeben zu müssen.«

Hier und da schlich sich in seine Skizzen eine Selbstdarstellung oder die Abbildung eines seiner Mitarbeiter ein. Man erblickt die betreffenden Personen dann stets zeichnend. Ja, in Hierakonpolis nehmen er, seine Diener und sein Kamel sogar mehr Platz ein als die Ruinen im Gegenlicht vor der sinkenden Sonne. Oft befand sich Denons Lager einfach im Schutz eines Felsens oder irgendeiner Palme. Einmal zeichnete er sich ruhend »in unserem Hauptquartier bei den Gräbern von Negade«.

»Diese düstere Unterkunft war für uns in der Wüste eine großartige Labsal und schützte uns vor der Hitze der alles versengenden, ausdörrenden Sonne. Festgehalten ist, wie uns die Bauern von Negade die Mekkaner brachten, die sich nach ihrer Niederlage auf Raub und Plünderung verlegt hatten und das Land unsicher machten. Die Leute aus Negade töteten sie daher, wann immer sie sie trafen. Die Szene spielt um Mitternacht. Herein kommen die Araber mit ihren Gefangenen. Licht spendet ihnen eine Art Fackel, wie man sie in Ägypten oft bei nächtlichen Märschen verwendet. Auf der anderen Seite stehen unser koptisches Personal und unsere Dolmetscher, in der Mitte General Belliard, sein Stab und ich selbst. Das Ganze ist ein getreues Bild unserer damaligen Situation.«

Denon hatte stets ein freundliches Auge für die Soldaten, mit denen er durchs Land zog (die für alle die Expedition begleitenden Gelehrten wohl ebenfalls durchaus Wohlwollen empfanden), doch auch an Sympathien für die Einheimischen, die in der Regel schlichten Gemütes und von den europäischen Truppen zutiefst eingeschüchtert waren, fehlt es ihm keineswegs.
Napoleon war sehr an ägyptischen Altertümern interessiert und behielt auch einige Objekte für sich. Unmittelbar nach seiner Ankunft hatte er in Kairo ein *Institut d'Égypte* gegründet, von dessen Mitgliedern man die Untersuchung alles dessen erwartete, was an Ägypten für Wissenschaftler interessant sein konnte. Nicht selten schweift auch Denon von seinen altertumskundlichen Erörterungen ab, um sich mit der einheimischen Tierwelt zu befassen. Besonders hatten es ihm die Krokodile auf den Sandbänken angetan.

Vivant Denon: *Denon beim Skizzieren der Ruinen von Hierakonpolis.* Aus Denons *Voyage* (1802).

»Als ich in Kena war, hatte ich den Tod eines Krokodils zu beklagen. Einige Bauern hatten es im Schlaf überrascht, gebunden und dem Offizier gebracht, der in Abwesenheit von General Belliard das Kommando führte. Das noch junge und mit einem Eisenring zwischen Schultern und Bauch gefesselte Tier hatte noch nichts Furchterregendes an sich . . .«

Er spekuliert über dieses Tier, erwägt alles Erwägenswerte, malt sich die Möglichkeit aus, es für Forschungszwecke nach Frankreich zu bringen, und man ist fast versucht anzunehmen, daß von dieser Stelle seiner Darstellung Gillray die Anregung zu seiner Karikatur empfing, die Mitglieder des Instituts bei dem Versuch zeigt, Krokodile zu zähmen und zu reiten [Farbtafel V]. Stolz vermerkt Denon, wie

»Bonaparte, nach Kairo zurückgekehrt, aufmerksam sämtliche Zeichnungen untersuchte, die ich mitgebracht hatte, und zufrieden [war], daß ich das Ziel meiner Mission erreicht hatte . . .«

Denon hatte die Verfolgung der Mamelucken nilauf- und nilabwärts mitgemacht, und man muß ihm daher schon gestatten, sich ein wenig selbst auf die Schulter zu klopfen:

»Wir erbeuteten eine große Anzahl von Kamelen. Ich sage wir, *weil man sich ja nach und nach mit denen identifiziert, mit denen man sein Schicksal teilt, und ich war zeitweise bei allem dabei, was der Abteilung Desaix, präziser: der 21. Halbbrigade, widerfuhr. Ich teilte ihre Gefahren, ihre Erfolge, ihre Mißgeschicke, und ich sagte mir, daß ich auch ein wenig Anteil an ihrem Ruhm hatte.«*

Über seine Arbeit schrieb er:

»Die letzten neun Monate hatte sich mein ganzes Denken um das Sammeln interessanter Objekte gedreht, so daß ich mir über meine Lage sowie darum, wie es weitergehen sollte, überhaupt nicht im klaren war. Um meinen Wissensdurst zu befriedigen, war ich vor keiner Gefahr zurückgeschreckt, und die Vorstellung, eines Tages Oberägypten verlassen zu müssen, ohne all das gesehen zu haben, was man dort gesehen haben mußte, hätte mich ohne zu zögern veranlaßt, noch größere Gefahren auf mich zu nehmen. Die ungeordneten Verhältnisse des Landes sowie die erforderliche Unterordnung meiner eigenen Absichten

unter die militärischen Notwendigkeiten hatten mich in vielen Fällen daran gehindert, mehr als einen flüchtigen Blick auf Dinge zu werfen, die ein längeres Verweilen überaus gelohnt hätten. Doch selbst wenn meine Forschungen nichts anderes bewirkt hätten, als daß man nun einen Begriff davon gewonnen hat, wo später die Arbeit anderer ansetzen muß, die vielleicht nach mir und in Zeiten größerer Ruhe dieses Land aufsuchen, sollte mich dies schon freuen – war doch bereits dann meine Mühe für die Wissenschaften und Künste nicht nutzlos.«

Denon hinterließ ein Werk, das – namentlich in Anbetracht der Bedingungen, unter denen es zustandekam – nicht anders als gigantisch bezeichnet werden kann. Schließlich gelangte Denon nach Alexandrien, um die Rückreise nach Europa anzutreten. Dies war alles andere als leicht, denn seit ihrem Sieg bei Abukir blockierten die Briten die ägyptische Küste und fingen praktisch jedes französische Schiff ab, das in Alexandrien ein- oder auslaufen wollte. Doch als Denon in Alexandrien eintraf . . .

». . . galt« seine *»Aufmerksamkeit zwei unserer Fregatten, die, bereit in See zu stechen, vor dem neuen Hafen vor Anker lagen. Nicht ein englischer Kreuzer war in Sicht, und ich begann, an Wunder zu glauben.«*

Vivant Denon: *Biwak in Nagadi* [Negade/Naqâda]. Aus Denons *Voyage* (1802). Denon sitzt im Vordergrund. Auf der Matte in der Mitte: General Belliard.

Napoleon besucht das Hauptquartier des neugegründeten Institut d'Égypte in Kairo 1798 (Detailansicht). Aus der *Description de l'Égypte.*

Am folgenden Tage, dem 22. August 1799, ein Uhr morgens, rief man ihn und seine Gefährten zusammen, und sie fanden auch Napoleon reisefertig. Er war im Begriff, dasselbe Schiff zu nehmen wie sie. Es gelang ihnen, die englische Blockade zu unterlaufen, indem sie dicht an der nordafrikanischen Küste entlangsegelten ...

»... längs der ausgedörrten Gestade des alten Kyrene ... Überzeugt, daß kein Unstern uns leite, genossen wir die Fahrt und fühlten uns ganz sicher ...«

Schließlich gelangten sie wohlbehalten in den Hafen von Fréjus, nachdem sie ein englisches Schiffsgeschwader genasführt hatten, dessen Geschützdonner durch den dichten Nebel drang, der sie verbarg. Erst nach Napoleons Abreise erfuhr Kléber, daß nunmehr er Oberbefehlshaber in Ägypten war. Ihm wurde eine schriftliche Mitteilung zugestellt, in der Napoleon erklärte: »Ich werde in Paris eintreffen und diese Advokatenbande vertreiben, die sich über uns lustig macht, aber unfähig ist, die Republik zu regieren, und diese herrliche Kolonie [Ägypten] werde ich konsolidieren.« Kléber freilich fühlte sich im Stich gelassen und sandte Depeschen nach Frankreich, in denen er seinem Unmut Luft machte. Zum Glück für seine militärische Karriere fingen die Briten diese Schriftstücke ab. In Frankreich prägte man zu Ehren Napoleons eine bleierne Gedenkplakette. Rings um ein Porträt republikanischen Stils feiert ihn eine Inschrift als ›Befreier Ägyptens‹. Die Rückseite zeigt den antiken Gott Hermes bzw. Merkur vor den seltsamerweise stufenförmig wiedergegebenen Pyramiden. Hier lautet die Beischrift: ›Der seinem Land wiedergegebene Held‹. Gillrays Karikatur, die sich auf den gleichen Sachverhalt bezieht, ist demgegenüber voll bitterer Satire und bezeichnet Napoleon als ›Deserteur der Ägypten-Armee‹, wie es auch die abgefangenen Depeschen Klébers getan hatten. Ein anderer Cartoon zeigt eine Reihe in satirischer Verzerrung karikierter französischer Offiziere vor einem Militärarzt. An Bändern in den Farben der Trikolore hängt von der Decke ein Krokodil herab, das traditionelle Symbol der Apotheker, und im Hintergrund stehen zwei dick eingewickelte Mumien mit den Aufschriften ›Napoleon‹ und ›Kléber‹.

In Ägypten alleingelassen, hatte Kléber im Herbst 1799 in Kairo einen Aufstand niederzuwerfen und in Heliopolis eine Schlacht gegen türkische Streitkräfte zu schlagen. Dann ereilte ihn am Nachmittag des 14. Januar 1800 das Schicksal. Kléber ging mit einem Adjutanten in der Zitadelle oberhalb von Kairo spazieren, als sich ihnen ein Araber näherte, wie um eine Gunst oder ein Bakschisch zu erbitten. Als sie auf den Araber zugingen, zog dieser hinter seinem Rücken ein Messer hervor und stach auf Kléber ein, der tödlich verwundet zu Boden sank. Ein seltsames Spiel des Zufalls wollte es, daß nicht nur am selben Tage, sondern sogar in derselben Nachmittagsstunde, auch Klébers ehemaliger Unterbefehlshaber Desaix auf dem Schlachtfeld von Marengo fiel, wo es ihm in letzter Minute gelungen war, eine drohende französische Niederlage in einen Sieg zu verwandeln. Zu Ehren beider Männer prägte man Gedächtnismedaillen. Auf Desaix' Medaille erinnern der Kopf des Sphinx sowie ein Obelisk, die sogenannte ›Nadel der Kleopatra‹, an Desaix' militärische Verdienste in Ägypten.

Nach Klébers Tod fiel der Oberbefehl in Ägypten General Jacques Abdullah Menou zu, der zum Islam übergetreten und als Offizier nur mäßig begabt war. Englische Satiriker, insbesondere Gillray, schlachteten beides nach Kräften aus.

In den Vorfrühlingstagen des Jahres 1801, nahezu drei Jahre nach Nelsons Sieg bei Abukir, traf in Alexandrien eine kombinierte britische See- und Landstreitmacht unter dem Befehl von Lord Keith ein. Trotz der britischen Blockade hatten die Franzosen in Ägypten außerordentliche Aktivität entfaltet, und es schien nun hohe Zeit, ihrer Selbstsicherheit einen Dämpfer zu verpassen. Am 8. März landete die britische Invasionsarmee unter dem Kommando von Generalleutnant Sir Ralph Abercromby. Wie meist bei Ereignissen von nationaler Bedeutung und allgemeinem Interesse gab es auch jetzt zahlreiche Gedächtnismedaillen und Kupferstiche. Auf der Rückseite einer dieser Medaillen erblickt man die Pyramiden von Gizeh, und sie sollten auch künftig das bei derartigen Anlässen am häufigsten abgebildete Symbol Ägyptens bleiben. Am 21. März tobte die Schlacht von Alexandrien, und einige britische Regimenter erwarben beachtliche kriegerische Ehren, insbesondere die Gloucesters und die ›Schwarze Garde‹ (das 42. Infanterieregiment), doch Abercromby wurde tödlich verwundet und starb am 28. März an Bord der *Foudroyant* (der ›Zermalmerin‹). Die Medaille, die aus Anlaß seines Todes geprägt wurde, zeigt die Pyramiden von Gizeh, obwohl er sie niemals sah. Generalmajor Lord Hutchinson übernahm das Kommando der siegreichen Armee, und ihm fiel es zu, über die Erfüllung der Bedingungen des Vertrages von Alexandrien zu wachen. Ursprünglich sah dieser vor, daß die französischen Gelehrten ihre sämtlichen Aufzeichnungen den Engländern auszuhändigen hätten. Doch bei den französischen Experten herrschte Einigkeit: Sollten ihre Aufzeichnungen ›in Kriegsgefangenschaft gehen‹, wollten auch sie sich lieber gefangennehmen lassen. So wurde ein Kompromiß ausgehandelt. Gemäß Artikel XVI des Vertrages behielten die Franzosen zwar ihre Aufzeichnungen, doch hatten sie sämtliche Antiquitäten auszuliefern und auch auf alle Ansprüche an den Altertümern zu verzichten, die den Engländern während ihrer Seeblockade in die Hände gefallen waren. In der *British Library* befindet sich unter den Papieren des Obersten Sir Thomkyns Hilgrove Turner ein Inventarver-

Französische und englische Interpretationen der plötzlichen Abreise Napoleons aus Ägypten: eine Art ›Spielmarke‹ *(jetton)* oder vielmehr Gedenkmünze aus Blei, die ihn als Helden feiert, sowie eine Karikatur James Gillrays, der dazu bemerkt: »Sehen Sie in den abgefangenen Briefen des republikanischen Generals Kléber an das französische Direktorium nach, was den Mut, das Ehrgefühl und die Vaterlandsliebe dieses – Deserteurs der Ägypten-Armee angeht!«

zeichnis (BL Add. MS 46839 F), das 15 Posten aus französischem Besitz in Alexandrien umfaßt, die dem Oberst Turner ausgehändigt wurden. Beglaubigt hatte es J. B. J. Fourier, der Sekretär des französischen *Institut d'Égypte*.

Das bedeutendste der in Fouriers Liste aufgeführten Stücke trägt die Nummer 8 – es ist der Stein von Rosette, eine mit Inschriften versehene schwarze Basaltplatte, die 1799 von einem französischen Pionieroffizier namens P. F. X. Bouchard bei Fort Julien am Rosette-Mündungsarm des Nils gefunden worden war. Bouchard erkannte sofort, daß diesem Fund möglicherweise große Bedeutung zukomme, und meldete daher seine Entdeckung unverzüglich General Menou, der das Stück sofort seinem ›persönlichen Schutz‹ unterstellte (viele französische Offiziere erwarben damals wertvolle ägyptische Altertümer auf diese Art). Turner verfaßte über die Erwerbung dieses Steines einen Bericht, der in der Fachwelt viel Aufsehen erregte und am 8. Juni 1810 im *Somerset House* am *Strand* vor der *Society of Antiquaries of London* verlesen und später publiziert wurde (*Archaeologia* 16, 1812). Anfangs behauptete General Menou hartnäckig, der Stein befände sich in seinem Privatbesitz, doch schließlich transportierte eine Abteilung britischer Artilleristen die Basalttafel kurzerhand auf einer Art Schinderkarren ab. Bevor man den Stein allerdings nach London weitersandte, erhielten die Franzosen die Erlaubnis, ihn mit Druckerschwärze einzufärben, um Kopien zu nehmen, und auch Abgüsse durften sie von ihm anfertigen. Turner begleitete den Inschriften-

stein dann auf einer Fregatte, die den bezeichnenden Namen ›die Ägypterin‹ *(Égyptienne)* trug, nach England. Am 11. März wurde er in der Bibliothek der *Society of Antiquaries* aufgestellt, jedoch noch im selben Jahre ins Britische Museum überführt, dem Georg III. diese Trophäe zusammen mit anderen Beutestücken ähnlicher Art überschrieben hatte. Man fertigte weitere Abgüsse an, und viele Gelehrte fanden sich in London ein, um den Stein zu untersuchen. Zum Glück überwand die Wissenschaft alle von Armeen bewachten und von Waffen starrenden Kriegsgrenzen. Der Stein von Rosette barg den Schlüssel zur Zukunft der Ägyptologie (vgl. unten Seite 46).
Obwohl die Franzosen 1801/1802 nominell Ägypten verließen, blieb ihr Einfluß noch lange lebendig, und Ägypten verdankt ihm viel. Dies gilt besonders für die Bereiche des Bank- und Rechtswesens (so spiegelt beispielsweise das moderne ägyptische Recht noch immer in vieler Hinsicht den *Code Napoléon*). Ja, im Jahre 1831 wurden Ägyptens Bindungen an Frankreich sogar wieder verstärkt, als Mohammed Ali, der damalige Vizekönig des osmanischen Großherrn, Frankreich einen Obelisken aus Luxor [Abb. 39] schenkte, der am 25. Oktober unter großer allgemeiner Begeisterung der Pariser Bevölkerung auf der *Place de la Concorde* aufgerichtet wurde. Ein Franzose, Champollion, war es, ohne dessen wissenschaftliche Tat die heutige Ägyptologie nicht denkbar wäre (siehe Seite 47), und es gab noch andere französische Gelehrte, die in Champollions Fußstapfen wandelten. Ein Franzose, Auguste Mariette (1821–1881), begründete den ägyptischen Antikendienst und trug wesentlich zur Errichtung des alten Kairoer Museums bei, das in einem verfallenen Hause in Bulaq, einem Vorort Kairos, untergebracht war – gleichwohl war es das erste Nationalmuseum des Nahen und Mittleren Ostens. Mariette führte selbst ausgedehnte Grabungen in Ägypten durch, entdeckte neue Baudenkmäler, legte andere, schon bekannte, frei und arbeitete insgesamt an 35 archäologischen Stätten. Er war nicht nur ein hervorragender Archäologe, sondern verfaßte auch – zusammen mit C. du Locle – den Entwurf zur Aída, Verdis glanzvoller Oper, die 1871 in Kairo uraufgeführt wurde. Als Mariette starb, setzte man seine sterblichen Überreste in einem nachgebildeten Steinsarkophag aus der Zeit des Alten Reiches bei, der heute im Garten des Ägyptischen Museums zu Kairo steht. Auch Mariettes Nachfolger als Generaldirektor der staatlichen ägyptischen Altertümerverwaltung, Gaston Maspero (1846–1916), gleichfalls ein hervorragender Gelehrter, war Franzose. Und auch nach ihm standen noch bis weit ins 20. Jahrhundert hinein bedeutende französische Ägyptologen an der Spitze des ägyptischen Antikendienstes.

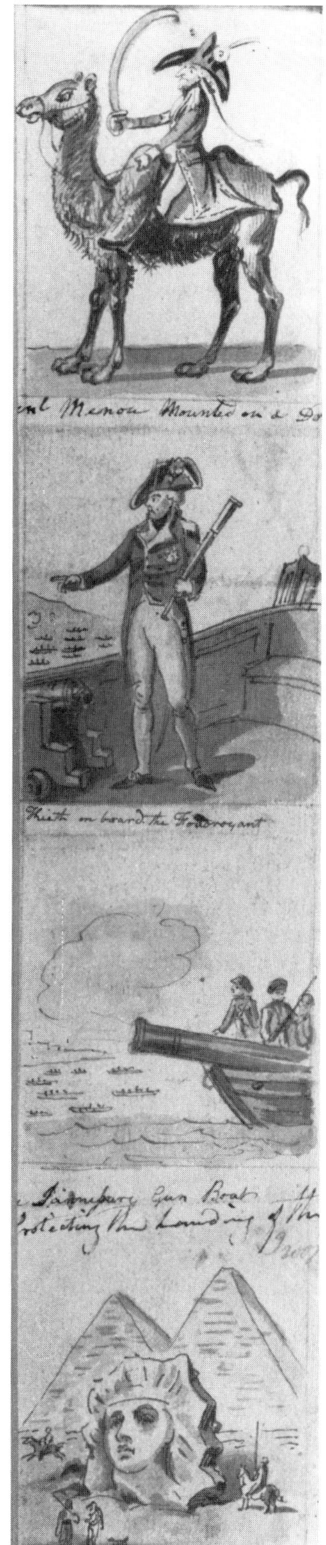

Aspekte der ›Befreiung‹ Ägyptens durch die Briten. *Links:* Medaille zur Erinnerung an die britische Landung. *Rechts:* Gedächtnismedaille zur Erinnerung an den Vertrag von Alexandrien. *Ganz rechts:* Vier Skizzen von Sir Robert Ker Porter. *Oben:* General Menou auf einem Kamel. *Darunter:* Lord Keith an Bord der *Foudroyant*. *Darunter:* Die Landung. *Ganz unten:* Sphinx und Pyramiden.

Reisende, Gelehrte, Künstler und Sammler

Nach Frankreich zurückgekehrt, wurde Denon 1802 zum Direktor des Zentralen Museums der Künste sowie 1804 zum Generalinspekteur der französischen Museen ernannt, ein Amt, das er bis 1815 bekleidete. Auf ihn gehen zahlreiche Gedenkmedaillen zurück, von denen sich einige auf den Ägyptenfeldzug bezogen. Alle, bis auf eine Ausnahme, nehmen von der Niederlage der Flotte bei Abukir nicht die geringste Notiz. Einige Medaillen verdienen besondere Anerkennung. So zeigt eine ein Porträt Napoleons in außergewöhnlicher Dreiviertel-Frontperspektive mit einem Kranz von Lotusblüten, dem Symbol Altägyptens. Auf der Rückseite erblickt man Bonaparte gleichfalls, diesmal allerdings als römischen General, der, von der Siegesgöttin gekrönt, in einem Wagen mit zwei prächtig herausgeputzten Kamelen auf die ›Nadel der Kleopatra‹ [Farbtafel VI] und die Pompeiussäule [Farbtafel IV] zufährt. Eine andere Medaille enthält ebenfalls, wenn auch in verbrämter Form, eine Anspielung auf die Römerzeit: die Bildseite zeigt einen Pharaonenkopf in neoklassizistischer Wiedergabe [S. 71], doch auf der Rückseite erkennt man ein an eine Palme gekettetes Krokodil – ein Motiv, das an eine in der augusteischen Zeit in Nîmes (Südfrankreich) herausgegebene römische Münze erinnert, die zur Erinnerung an den Seesieg bei Actium geschlagen wurde, der Augustus zum Herren über Ägypten machte (Seeleute aus der römischen Flotte wurden später in Nemausus, Nîmes, angesiedelt, daher diese Motivwahl). Eines der attraktivsten kleinen Kunstwerke dieser Art ist eine Gedächtnismedaille für Denon selbst. Auf ihrer Vorderseite erblickt man das Bild der sogenannten Memnonskolosse [Abb. 41, 42], deren nördlicher, so ist es überliefert, in der Morgen- und Abenddämmerung stöhnte, bis ihn Reparaturarbeiten zur Zeit des römischen Kaisers Septimius Severus zum Schweigen brachten. Die verspielt-mehrdeutige Beischrift lautet: ELLES PARLERONT TOUJOURS POUR LUI (›für ihn werden sie immer sprechen‹), womit angedeutet sein sollte: für Denon waren Altägyptens Denkmäler niemals stumm. Zweifellos flößte er ihnen wieder Leben ein. Heutige Ägyptologen fühlen sich zutiefst in seiner Schuld, weil er viele Denkmäler, die heute längst verschollen sind, mit so großer Sorgfalt in seinen Zeichnungen festhielt. 1972 brachte die französische Post eine Sondermarke heraus, die 150 Jahre nach der Entzifferung der Hieroglyphen durch Champollion auch an ihn erinnern sollte.

Die Erstausgabe der monumentalen *Description de l'Égypte* erschien 1809. Auf dem in Kupferstichtechnik gearbeiteten, außerordentlichen Frontispiz erblickt man, umrahmt von einem mit Siegestrophäen und Namenszügen geschmückten ägyptischen Portal, eine komplizierte Montage der wichtigsten Monumente Altägyptens und mehrerer Objekte altägyptischer Herkunft (der ›Altar der vier Gottheiten‹, wie der skulptierte Rosengranitblock am Fuß des vordersten Obelisken genannt wurde, wurde später von Belzoni nach England gebracht und befindet sich heute im Britischen Museum. Auf seiner Oberseite ist neben Belzonis Namen die Jahreszahl 1817 eingraviert). Den Textteil des Werkes redi-

Bronzemedaille zur Erinnerung an die am 25. Oktober 1836 erfolgte Aufstellung des Obelisken aus Luxor (vgl. Seite 109) auf der Place de la Concorde in Paris. Die Umschrift enthält Angaben über Größe und Gewicht des Obelisken sowie Details über das Vorgehen bei seiner Wiederaufrichtung.

gierte weitgehend Edmé François Jomard (1777–1862), ein Ingenieur, der ebenso wie Denon zu Napoleons ›Wanderakademie‹ (wie man die *savants* auch nannte) in Ägypten gehört hatte. Von ihm stammen auch einige Zeichnungen der *Description* [Abb. 19, 22], doch sein wichtigster Beitrag waren sechs Bände kommentierender Texte. Bei anderen Illustrationen handelt es sich um Stiche nach Gemälden von Balzac, Cécile Chabrol und Dutertre. Besonders bekannt für seine gewöhnlich in Zusammenarbeit mit J. Jollois geschaffenen Rekonstruktionszeichnungen [Abb. 30, 53, 60] war Baron René Edouard Devilliers du Terrage (1780–1855), ein zu Napoleons Expertenstab gehörender Bauingenieur. Der Name des Verlegers, der dieses Riesenwerk herausbrachte, lautete C. L. F. Panckoucke.
Zur Erinnerung an die Veröffentlichung der *Description* wurde abermals eine Bronzemedaille herausgebracht. Sie gehört zu den besten ihrer Art. Auf der Vorderseite zeigt sie eine Verkörperung Frankreichs in der Kleidung eines römischen Feldherrn bei der ›Wiederentdeckung‹ Ägyptens, die durch die Entschleierung einer auf einem Krokodil reitenden ägyptischen Königin symbolisiert wird. Auf einem Legionsfeldzeichen erblickt man den gallischen Hahn vor den im Hintergrund aufragenden drei Pyramiden von Gizeh und der Fassade des Tempels von Dendera [Abb. 31]. Die Rückseite trägt ein kompliziertes Motiv aus altägyptischen Göttern und Göttinnen, oben von einem Skarabäus und unten durch ein Henkelkreuz (das *anch*- bzw. Lebens-Zeichen) halbiert. Die den einzelnen Gottheiten beigegebenen Hieroglyphen nennen die Götternamen korrekt – eine höchst seltene Detailgenauigkeit!
Zwar gaben die Briten Ägypten der ›Hohen Pforte‹ zurück, doch Napoleons Invasion und die sich anschließenden Ereignisse hatten das Tor zum Nahen und Mittleren Osten aufgestoßen. Zwar beschränkten sich viele Bildungsreisende in Europa infolge der Napoleonischen Kriege auf die übliche Italienrundfahrt, aber viele verlängerten ihre Reisen bereits und bezogen Ägypten mit ein. Eine typische Erklärung dafür geben Irby und Mangles im Vorwort ihrer *Travels in Egypt and Nubia* (›Reisen in Ägypten und Nubien‹, 1823):

»Am 14. August 1816 verließen die hochwohlgeborenen Herren Leonard Irby und James Mangles, Kommandeure der Königlichen Marine, England in der Absicht, eine Reise auf dem Kontinent zu unternehmen. Diese Reise führte weit über den ursprünglich gefaßten Plan hinaus. In erster Linie Wissensdurst, aber auch eine Bewunderung für die Zeugnisse der Alten Welt, die immer größer wurde, je weiter sie kamen, führte sie lange durch verschiedene Teile der Levante, die in der Neuzeit nur selten von Reisenden besucht wurden, und hielt sie vier Jahre lang unablässig beschäftigt.«

Im Mai 1817 ritzten sie ihre Namen in das Tempeldach von Dendera, kurz bevor sie sich mit Belzoni zusammentaten, um den Tempel von Abu Simbel zu öffnen (vgl. Seite 174).
Unter den Reisenden, die in der ersten Hälfte des 19. Jahrhunderts nach Ägypten kamen, überragte einer buchstäblich alle anderen: Giovanni Battista Belzoni (1778–1823). Im Jahre 1821 vertraute der Maler Benjamin Robert Haydon seinem Tagebuch an: »Belzoni ist ein herrliches Beispiel dafür, was Redlichkeit des Strebens und Energie in der Verfolgung seiner Ziele zu bewirken vermögen. Er hatte nie die geringste Absicht, seinen Namen mit dem Ägyptens zu verbinden, doch mit Hilfe seiner unbezwingbaren Energie verband er den Ägyptens für alle Zeit mit dem seinen ...« In Padua geboren, verließ Belzoni die Stadt, als 1798 die Franzosen einmarschierten, wanderte mehrere Jahre durch Europa und gelangte 1803 nach England. Er war von enormer Körpergröße (etwa 2 Meter) und verdiente sich anfangs seinen Lebensunterhalt damit, daß er auf Tingeltangelbühnen als ›Patagonischer Samson‹ auftrat. Der Höhepunkt seiner Kraftakte war – gleichsam vorausweisend auf die Pyramiden, mit denen er später zu tun haben sollte – die ›menschliche Pyramide‹. Belzoni war dabei mit einem eisernen

CAMPAGNE
EN
EGYPTE

Allegorisches Porträt des Barons Denon von Benjamin Zix. Man erblickt den Gelehrten in einem neoklassizistischen Interieur, das auf seine Stellung als Generalinspektor der französischen Museen anspielt, umgeben von Gegenständen, die auf sein Interesse an Griechenland, Rom und Ägypten hindeuten! *Oben links* Modelle von Philai. Im Vordergrund ein Münzprägestock und Medaillen.

Rechts: Rückseite der Bronzemedaille, die die Förderung feiert, welche Ludwig XVIII. der *Description de l'Égypte* angedeihen ließ. Schöpfer der Medaille: J. J. Barre (Vorderseite s. Seite 7).

(a, b) Vorderseite (von J. Jouannin) und Rückseite (von L. Brenet) einer Bronzemedaille zur Erinnerung an die Eroberung Ägyptens durch die Franzosen i. J. 1798. Herausgegeben wurde das Stück während der Amtszeit und unter der Leitung Denons.

(c) Rückseite einer von A. Galle geschaffenen Bronzemedaille zur Erinnerung an die Eroberung Oberägyptens im Jahre 1798 (Vorderseite: vgl. Seite 71).

(d) Denons Vorbild: Römische Bronzemünze aus der *Colonia Augusta Nemausus* (Nîmes). Das angekettete Krokodil bezieht sich auf die Eroberung Ägyptens durch Octavian (den späteren Kaiser Augustus) im Jahre 30 v. Chr.

(e, f) Kleine Bronzemedaille zum Gedächtnis Denons mit Denons Porträt und den Memnonskolossen.

a

c

e

b

d

f

J.-B. Borely: Porträt Charles Leonard Irby in orientalischer Kleidung. Im Hintergrund: Nil und Nilinsel Philai.

Die im Mai 1817 in die Dachecke über dem Portikus des Tempels von Dendera eingeritzten Namen von James Mangles und Charles Irby (vgl. Abb. 31).

Harnisch angetan, auf dem 10–12 Menschen Platz fanden, die er auf der Bühne herumtrug. Doch schließlich war er des Umhertingelns müde und beschloß, zusammen mit seiner Frau Sarah und ihrem irischen Hausangestellten James Curtin England den Rücken zu kehren, um in Konstantinopel sein Glück zu versuchen. Unterwegs begegnete er 1815 auf Malta einem Agenten Mohammed Alis, der Europäer mit technischem Know-how für Entwicklungsprojekte in Ägypten zu gewinnen suchte. In seiner Jugend hatte Belzoni Hydraulik studiert, hier bot sich ihm nun die Chance, zum Ingenieur zu avancieren, und so war er mit Frau und Diener alsbald in Ägypten. Doch es gab bestimmte Gruppen mit festverbrieften Rechten bei Hofe, gegen die er mit seinen Vorschlägen zur Verbesserung des Wasserradantriebes landwirtschaftlicher Bewässerungsanlagen nicht ankam und die ihn einfach auf dem Trockenen sitzen ließen. Nun griff das Schicksal ein. Henry Salt (1780–1827), erst kurz zuvor zum britischen Generalkonsul in Ägypten ernannt, wurde von Sir Joseph Banks bedrängt, seine Stellung zu nutzen, um für das Britische Museum Antiquitäten zu sammeln. Salt, selbst als Maler ausgebildet [Abb. 42] und auch persönlich an Altägyptens Denkmälern interessiert, erteilte Belzoni seinen ersten ägyptologischen Auftrag, bei dessen Ausführung es ebenso auf Kenntnisse im Bereich der Mechanik wie auf Körperkraft ankam. Man wies Belzoni an, die als ›Jüngerer Memnon‹ bekannte riesige Granitbüste aus dem Ramesseum in Theben abzutransportieren. Belzoni führte den Auftrag aus [Farbtafel XVIII], obwohl die Einheimischen heftig Widerstand leisteten, wobei es ihnen allerdings gar nicht um das Monument, sondern darum ging, bei der Aktion so viel wie möglich herauszuschlagen – eine Einstellung, mit der sich Belzoni während der nächsten drei Jahre immer wieder konfrontiert sah.

Nachdem Belzoni mit dieser Arbeit fertig war, reiste er nilaufwärts zu anderen archäologischen Stätten. Viele davon zeichnete er, andere grub er aus. Die Liste seiner Funde und Entdeckungen ist enorm: am 1. August 1817 öffnete er den großen Tempel Ramses' II. in Abu Simbel [Farbtafeln XXVIII, XXIX], und am 18. Oktober desselben Jahres entdeckte er im Tal der Könige mehrere Gräber (das schönste davon war das Grab Sethos' I. [Abb. 46]). Bei Ausgrabungen am westlichen Nilufer fand er hinter den Memnonskolossen mehrere Statuen und eine schöne sitzende Granitfigur Amenophis' III. An ihrer Basis – neben ihrem linken Fuß – ritzte er seinen Namen ein. Das taten damals viele seiner Zeitgenossen einschließlich seines Rivalen Bernardino Drovetti. In Karnak fand er einen Kolossalkopf aus der Zeit der XVIII. Dynastie (Thutmosis III. oder Amenophis III.) mit einem dazugehörigen, drei Meter langen Arm. Doch daneben barg Belzoni auch zahllose kleinere, künstlerisch weniger bedeutende Bildwerke. Sein nächster größerer Coup war die Auffindung des Einganges zur Chephrenpyramide in Gizeh, die seit dem Altertum als feste, solide Gesteinsmasse gegolten hatte [Abb. 9–11]. Freunde in Großbritannien gaben aus diesem Anlaß eine Bronzemedaille in Auftrag. Doch gelang dem Schöpfer dieser Gedenkmedaille, William Brockedon, zwar ein hervorragendes Porträt Belzonis, dagegen mißglückte die Pyramidendarstellung auf der Medaillen-Rückseite (offenbar in Ermangelung einer geeigneten Vorlage) völlig. Brockedon gab nicht die Chephren-, sondern die Cheopspyramide (mit ihrer so charakteristisch verstümmelten Spitze) wieder.

Als Belzoni 1819 Ägypten verließ, kehrte er zunächst in seine Heimatstadt Padua zurück, wo man ihn mit einer eindrucksvollen Goldmedaille ehrte, die seine Taten verherrlichte und die Abbildung zweier Statuen der löwenköpfigen Göttin Sachmet enthielt, die er der Stadt geschenkt hatte. Schließlich wieder in London, bereitete er die Veröffentlichung seines Werkes ›Entdeckungsreisen in Ägypten

R. H. Norman: *Giovanni Belzoni, der Patagonische Samson, bei seinem Auftritt im Sadlers Wells Theatre am Ostermontag 1803. Er trägt elf Personen; das eiserne Traggestell wiegt 127 Pfund* [57,61 kg].

Farbtafeln I–III

I. David Roberts: *Aufziehender Sandsturm, Wüste bei Gizeh,* oder *Erinnerung an die Wüste von Gizeh bei aufziehendem Sandsturm,* aus: *Egypt and Nubia* (1846–1850).

»Die Staubwolke wächst und kommt gerade auf uns zu . . . sie ist rötlichbraun, fahlrot. Im Nu sind wir von ihr umgeben. Eine entgegenkommende Karawane zieht vorbei; in ihre *kefijes* [Kopftücher] eingewickelt, schmiegen sich die Männer, weit nach vorn gebeugt, an die Hälse ihrer Dromedare (die Frauen tragen dichte Schleier). Sie kommen sehr nahe an uns vorbei, doch niemand spricht ein Wort. Es ist wie eine Begegnung von Geistern mitten in Wolken . . .«
Gustave Flaubert, *Reisenotizen (18. Mai 1850).*

Diese glänzende Komposition läßt erkennen, wie Roberts, der an sich überaus sorgfältig arbeitete, von der Wirkung eines Motivs mitgerissen werden konnte. Die Zuordnung von Sphinx, Pyramide und Sonne ist insofern inkorrekt, als der Sphinx genau nach Osten blickt. Holman Hunt war daher verärgert, doch Charles Dickens, dem Roberts das Originalgemälde schenkte, nach dem diese Lithographie angefertigt wurde, war entzückt und betrachtete es als eine ›poetische Konzeption‹.

II. Edwin Long: *Die Götter und ihre Schöpfer* (1878).

Dieses dritte Bild Longs mit ägyptischen Motiven entstand vier Jahre nach seinem Besuch in Ägypten und Syrien, der 1874 stattgefunden hatte. Es zeigt, wie ungemein sorgsam Long bei seinen Vorstudien zu Werke ging. Beispielsweise entspricht der Hocker (Schemel) im Vordergrund einem altägyptischen Möbelstück aus dem Britischen Museum. Das Bild zeigt umfangreiche Bestattungsvorbereitungen. Auf dem Boden links liegen Uschebtis, *mumiengestaltige Figürchen, die man dem Toten mit ins Grab gab, damit sie an seiner Statt im Jenseits Arbeiten verrichten sollten. Auf einem hohen Sims im Raum dahinter sind Kanopenkrüge (zur Aufnahme der Eingeweide des Toten) aufgereiht. Eine Katze von offenbar enormer Geduld dient als Modell für eine Skulptur, die wohl die katzengestaltige Göttin Bastet darstellen soll. Ritzungen an der rückwärtigen Wand des Raumes sind altägyptischen Ostraka (Tonscherben) bzw. humoristisch-satyrischen Papyri entlehnt.*

III. Edwin Long: *Jahr des Herrn* oder *Die Flucht nach Ägypten* (1883).

Longs fünftes Gemälde mit altägyptischer Thematik ist eine Riesenleinwand, die außerordentlich beziehungsvoll die beiden ›Großen Mütter‹ – Maria und Isis – gegenüberstellt; die Heilige Familie (Maria, Joseph und das Jesuskind) begegnet auf ihrer Flucht ins Exil einer Prozession, bei der man eine Statue der den Horusknaben stillenden Göttin Isis an ihr vorbeiträgt. In den Details war Long stets auf Genauigkeit bedacht, auf geographische Gegebenheiten kam es ihm dagegen weniger an. So ragt im Hintergrund der mächtige ptolemäische Horustempel von Edfu auf (und zwar mit zwei zusätzlichen Kolossal-Sitzbildern vor den Pylonen, vgl. Abb. 58), aber in der Ferne erblickt man im Dunst die Pyramiden von Gizeh, obwohl beide Orte rund 800 km voneinander entfernt sind!

I

III

II

IV

222
SUR L'EDUCATION DU CROCODILE
Etched by J^s. Gillray, from the Original Intercepted Drawing.
"L'Insurrection de l'Institut Amphibie". ______ The Pursuit of Knowledge.

V

VI ▷

VIII

◁ VII

Farbtafeln IV–VIII

»Wir kamen am Pompeiuspfeiler vorbei ... Wenn der Schaft dieser Säule ohne Sockel und Kapitell einst zu einem antiken Gebäude gehörte, so zeugt er von dessen Großartigkeit und vom Können seiner Erbauer. Man sollte daher den sogenannten Pompeiuspfeiler als eine herrliche Säule, nicht als herrliches Denkmal, bezeichnen und hervorheben, daß eine Säule kein Denkmal ist.«
Vivant Denon: *Voyage* (1802)

In Wirklichkeit hat die sogenannte Pompeiussäule mit dem römischen Feldherrn und Politiker Gnaeus Pompeius Magnus (106–48 v. Chr.) nichts zu tun, obwohl man im Mittelalter glaubte, sie stünde auf dessen Grabe. Es handelt sich um eine 27 m hohe Säule aus rotem Granit, die 292 n. Chr. von dem römischen Präfekten Posidius zu Ehren des Kaisers Diokletian (Kaiser: 284–305 n. Chr.) errichtet wurde.

IV. Vivant Denon: *Vermessung der Pompeiussäule, Alexandrien* (Juli 1798).

Gillray stand an der Spitze der britischen Karikaturisten, die – auf Kosten der Franzosen – ihre große Stunde hatten, als Nelson am 1. August 1798 seinen entscheidenden Seesieg bei Abukir errang. Hier verspottet der Cartoonist das von den Franzosen in Kairo gegründete und von Vivant Denon geleitete Institut, das sich die Untersuchung sämtlicher Aspekte der Flora, Fauna und der Baudenkmäler des Landes zum Ziel gesetzt hatte.

V. James Gillray: *›Der Aufstand des Amphibieninstitutes‹ – Das Streben nach Wissen* (12. März 1799).

»Später kamen wir zu dem als ›Kleopatras Nadel‹ bezeichneten Obelisken. Ein anderer Obelisk, der neben ihm lag, deutete darauf hin, daß beide einst die Eingänge zum Palast der Ptolemäer geschmückt hatten, dessen Ruinen man noch in einiger Entfernung erblickt ... Man könnte sie ohne Schwierigkeiten nach Frankreich bringen. Dort wären sie eine besonders charakteristische Siegestrophäe, insofern sie selbst bereits ein Denkmal sind und die Hieroglyphen, die sie bedecken, sie wertvoller machen als die Pompeiussäule, die eine bloße Säule ist.«
Vivant Denon: *Voyage* (1802).

Denons Vorschlag wurde nicht befolgt. Keiner der beiden Obelisken kam nach Paris, und heute sind beide durch den Atlantischen Ozean voneinander getrennt (siehe Seite 58–59).

VI. Vivant Denon: *›Obelisk der Kleopatra‹ in Alexandrien* (Juli 1798).

Bei Hochwasser überflutete der ansteigende Nil das bebaute Land bis an den Rand des Wüstenplateaus, auf dem sich die Pyramiden erheben. Man erblickt sie hier aus südöstlicher Richtung.

VII. David Roberts: *Die Pyramiden von Geizeeh, Ansicht vom Nil aus.* Aus: *Egypt and Nubia* (1846–1850).

»Dieser Blick wurde auf einem hochgelegenen, felsigen Geländestück oberhalb einer Quelle festgehalten, bei der es einige Sykomoren und Palmen gibt. Man schaut genau nach Nordwesten, und die Große Pyramide des Cheops erhebt sich rechts ... Wann wurden diese Pyramiden errichtet? Wilkinson trat sehr nachdrücklich für ihr hohes Alter ein und weist sie ins 22. Jahrhundert vor der christlichen Zeitrechnung. Doch Wathen ... gelangte zu der Schlußfolgerung, sie könnten nicht vor dem 10. Jahrhundert v. Chr. erbaut worden sein.«
William Brockedon, Anmerkung zu Roberts: *Egypt and Nubia* (Ausgabe von 1855–1856).

In Wirklichkeit stammen die Pyramiden von Gizeh aus dem 26. Jahrhundert v. Chr. Roberts Ansicht zeigt auch einige der flachdachigen Mastaben und den Sphinx.

VIII. David Roberts: *Pyramiden von Geizeeh*, aus: *Egypt and Nubia* (1846–1850).

Giovanni Belzoni in türkischer Kleidung. Lithographie von C. Hullmandl nach einer Zeichnung von Maxim Gauci (1820).

Bronzemedaille (nach William Brockedon von T. I. Wells) zur Erinnerung an die 1818 erfolgte Öffnung der Chephrenpyramide in Gizeh durch Belzoni.

1815–1819 in den Pyramiden, Tempeln und Gräbern am Nil‹ *(Narrative of the Operations and Recent Discoveries within the Pyramids, Temples, Tombs and Excavations, in Egypt and Nubia)* vor, das im Oktober 1820 bei John Murray erschien, außerdem traf er Vorbereitungen für die Ausstellung seiner Funde, Abgüsse und Zeichnungen. Diese Ausstellung wurde am 1. Mai 1821 in der ›Ägyptischen Halle‹ in Piccadilly eröffnet und erwies sich als ungeheurer Publikumsmagnet. Die Londoner Gesellschaft vergötterte Belzoni, doch er hatte es bald satt, den Salonlöwen zu spielen und begab sich abermals auf Reisen – diesmal um die Quelle des Niger zu entdecken. Kurz vor seinem Aufbruch schenkte er den riesigen Granitdeckel vom Sarkophag Ramses' III. dem Fitzwilliam Museum in Cambridge. In Benin (Nigeria) zog er sich eine Darminfektion zu, und am 3. Dezember 1823 starb er in Gato unweit von Benin, wo man ihn unter einer Bridelie begrub. Seine Witwe Sarah weigerte sich anfangs zu glauben, er sei tot. Gemeinsam hatten sie in Ägypten so viel durchgestanden, daß sie seinen Tod einfach nicht wahrhaben konnte. Doch am 15. Juni 1825 schrieb sie ihrer Freundin, der schottischen Schriftstellerin Jane Porter: »Endlich habe ich diesen unheilvollen Ring erhalten – noch immer regte sich in meinem Herzen Hoffnung, bis dieser Unglücksring eintraf« (es war Giovannis Freimaurer-Siegelring, der ihr 18 Monate nach Belzonis Tode aus Afrika überbracht wurde. In der Folgezeit siegelte sie damit ihre eigenen Briefe). Sie beauftragte einen Kupferstecher, ein Porträt zu schaffen, das Belzoni umgeben von seinen bedeutendsten Entdeckungen zeigte, und lebte, die größte Zeit in außerordentlich bescheidenen Verhältnissen, doch gleichwohl ihrem verstorbenen Gatten die Treue haltend, noch bis 1870. Howard Carter, der 1922 das Grab Tutanchamuns entdeckte, betrachtete Belzonis Schilderung seiner Erlebnisse in Ägypten als »eines der faszinierendsten Bücher der gesamten Ägyptenliteratur« und äußerte über Belzoni: »Dies war das erste Mal, daß je im Tal [der Könige] Ausgrabungen großen Stils durchgeführt wurden, und Belzoni gebührt für die Art und Weise, wie er sie ausführte, volle Anerkennung« – ein sehr positiver Nachruf für den ›Riesen von Padua‹, der einst auf Ägyptologie umgesattelt hatte!

Mit Belzonis Hilfe hatte Henry Salt bald schon sowohl für sich selbst als auch für das Britische Museum eine hervorragende Sammlung ägyptischer Altertümer zusammengestellt. Nach zähem Verhandeln erwarben sie die knickrigen Treuhänder des Museums für ganze £ 2000 – dieser Betrag lag unter den verauslagten Kosten für Grabung und Bergung! Das schönste Stück, den Alabastersarkophag

Sethos' I., wiesen die Treuhänder zurück, doch der Architekt Soane zahlte für ihn allein noch einmal £ 2000. Belzoni sah von all dem Geld nicht einen roten Heller. Salts zweite Kollektion, die 1819–1824 zusammengestellt wurde (und unter anderem die untere Hälfte des Sarkophags Ramses' III. enthielt), ging für £ 10000 an den König von Frankreich und befindet sich heute im Louvre. Die dritte Sammlung, 1824–1827 zusammengekommen, wurde nach Salts Tode bei Sothebys versteigert. Zahlreiche Stücke erwarb damals das Britische Museum.

Zwei Reisende, die 1818 nach Ägypten kamen, hinterließen eindrucksvolle Schilderungen von Land und Leuten. Es waren dies der junge englische Architekt Charles Barry (1795–1860) und der noch jüngere Franzose L. M. A. Linant de Bellefonds. Barry befand sich auf der Rückkehr von einer großen Rundreise, die ihn quer durch Europa nach der Türkei und nach Griechenland geführt hatte, in Athen, als er D. Baillie traf, der seine Arbeiten überaus bewunderte und ihm ein

Kupferstich zum Gedächtnis Giovanni Belzonis. In Auftrag gegeben von seiner Witwe Sarah Belzoni. Das Bild zeigt Belzoni und seine bedeutendsten Entdeckungen vor dem Hintergrund der Landschaft bei Theben. Zu den dargestellten Gegenständen gehören ein Pharaonenkopf und -arm (im Britischen Museum), der ›Jüngere Memnon‹ (ganz rechts, vgl. Farbtafel XVIII), der Sarkophag Sethôs I. und der Obelisk von Philai.

Oben: Porträt Henry Salt. Kupferstich von C. Heath nach dem von J. J. Halls geschaffenen Porträt.

Oben rechts: Porträt Charles Barry von John Hayter (1838).

jährliches Gehalt von £ 200 plus Spesen anbot, wenn er nach Ägypten weiterreiste und auch dort zeichnete. So unternahm Barry in Ägypten ausgedehnte Reisen und kam bis zum Abusir-Felsen (am 2. Nilkatarakt) in Nubien, wo er seinen Namen und die Jahreszahl 1819 in den Stein ritzte (1837 erklomm Amelia Edwards den Felsen. Sie und ihre Begleiter fanden zwar Belzonis Namen, sahen sich jedoch – wie sie schrieb – »vergeblich« nach anderen berühmten Namenszügen um). Barrys Tagebücher sind in außerordentlich zierlicher und sauberer Tintenschrift abgefaßt. Sie enthalten detaillierte Bemerkungen über die Monumente, die er sah, darüber hinaus aber auch Pläne und Bleistiftzeichnungen [z. B. Abb. 5, 39]. Als er am Mittwoch, dem 13. Januar 1819, nilabwärts segelte, vermerkte er:

»Wir stießen auf die Flottille des Konsuls [Henry Salt], die gerade am linken Nilufer stromaufwärts getreidelt wurde. Wir gingen an Land und verbrachten den ganzen Tag mit dem Konsul, Mr. Bankes und ihrer Begleitung. Auf dem flachen, sandigen Ufer nahmen wir gemeinsam das Frühstück ein. Mr. Salt zeigte mir sämtliche Skizzen, die entstanden waren, seit er Philae verlassen hatte. Es handelte sich durchweg um Bleistiftskizzen, und ihre Zahl war beträchtlich. Sie stammen von ihm selbst, von Mr. Beechey (den er als seinen Sekretär bezeichnet) und einem französischen Zeichner namens Linant [de Bellefonds]. Ich sah Mr. Bankes Zeichnungen durch, die dieser, weil es so viele sind, in einem Korbe aufbewahrt. Hauptsächlich geht es ihm um Details wie Hieroglyphen, Ornamente und dergleichen, und sie stammen teils von ihm selbst, teils von einem italienischen Doktor, den er damit beauftragt hatte, sie anzufertigen [Dr. Alessandro Ricci, der auch für Belzoni zeichnete]. Sämtliche Zeichnungen, die Mr. Salt und sein Angestellter schufen, gehören Mr. Bankes.«

Jeder, der seinerzeit eine Nilfahrt unternahm, hatte sein Skizzenbuch bei sich, denn man hielt es damals für außerordentlich wünschenswert, daß ein Reisender, was er sah und erlebte, ebenso mit dem Pinsel wie mit der Feder festzuhalten verstand.

Louis Maurice Adolphe Linant de Bellefonds (1799–1883), dem Barry am Nil begegnete, war weithin im Nahen Osten umhergereist, bevor er 1818 an den Nil kam. Dort traf er den wohlhabenden Altertumsfreund William John Bankes (gestorben 1855), dem er sich anschloß und mit dem er bis nach Dongola im Sudan (dem ehemaligen Nubien) gelangte. In den darauffolgenden sechs Jahren unternahm er dort ausgedehnte Reisen und zeichnete zahllose Monumente, von denen heute viele zerstört, schwer beschädigt oder – um der Überflutung durch den Nasser-Stausee zu entgehen – von ihrem ursprünglichen Standort weg an einen neuen Platz verlegt worden sind [Abb. 66, Farbtafel XXX]. Im übrigen wurde Linant de Bellefonds förmlich eins mit Ägypten und blieb den gesamten Rest seines Lebens im Lande. Als Geograph und Ingenieur ausgebildet, wurde er zum Minister für Öffentliche Bauten ernannt und 1873 in Anerkennung seiner Leistungen mit dem Titel Pascha ausgezeichnet. Zahlreiche zeitgenössische Reisetagebücher und Berichte über Land und Leute erwähnen immer wieder seinen Namen.

Ein weiterer Reisender, der in Ägypten seine Spuren hinterließ, war John Gardner Wilkinson (1797–1875). 1821 kam er, erst 23 Jahre alt, an den Nil, unternahm zwei Reisen an den 2. Katarakt [Abb. 69] und führte zahllose Ausgrabungen im Bereich von Theben durch (einige Gräber im Tal der Könige tragen in Eingangsnähe noch die von ihm dort aufgetragene Nummer!). Ein äußerst gründlicher, ganz in seiner Arbeit aufgehender Forscher, erkannte er schon so manche Stätte als das, was sie war, längst bevor andere behaupteten, die richtige Zuordnung vorgenommen zu haben. Beispielsweise identifizierte er die Stätte des ›Labyrinths‹ von Hawara lange vor Lepsius und verzeichnete Beni Hasan und Amarna schon vor Champollion bzw. Rosellini. Wilkinson kehrte 1833 nach England zurück und verfaßte ein auf seinen Beobachtungen beruhendes Werk über die ›Sitten und Bräuche der Altägypter‹ *(Manners and Customs of the Ancient Egyptians),* das 1837 erschien. 1838 wurde er geadelt. Später besuchte er Ägypten (1842, 1848–49 und 1855) abermals. Wilkinson gilt als Begründer der britischen Ägyptologie. Einer der Pioniere der Hieroglyphenentzifferung, erkannte er als erster einige Königsnamen, eigenhändig führte er detaillierte Vermessungen und Untersuchungen aller bedeutenden Stätten Altägyptens durch und fertigte einen kompletten Plan Thebens an. Seine wissenschaftliche Leistung war enorm, und gelehrte Gesellschaften Großbritanniens ebenso wie des Auslandes überhäuften ihn mit Ehren.

Zwischen der Ankunft Wilkinsons (1821) und dem Eintreffen Frederick Catherwoods (1823) lag ein Ereignis von allergrößter Tragweite: Champollion hatte seinen ›Brief an Monsieur Dacier‹ *(Lettre à M. Dacier)* veröffentlicht, der die entscheidende Wende auf dem Gebiete der Hieroglyphenentschlüsselung brachte. Vorher konnte niemand etwas mit den Inschriften anfangen, die so freigiebig über Baudenkmäler und Obelisken verteilt sind. Nun jedoch begannen Denkmäler und Papyri zu sprechen. Champollions *Lettre* bildet das Ende einer Episode, die mit der Auffindung des Steines von Rosette (vgl. oben Seiten 24–25) begann. Dieser Stein weist Inschriften in drei Schriften und zwei Sprachen auf. Von oben nach unten enthält er Hieroglyphen, einen Text in demotischer Schrift (einer Kursivform der mehr bildschrifthaften Hieroglyphen) und eine griechische Übersetzung. Der griechische Text war problemlos zu lesen und zeigte: die Inschrift war ein Ehrendekret der Priester von Memphis für Ptolemaios V. Epiphanes in Anerkennung der Wohltaten, die dieser Herrscher Ägypten erwiesen hatte, datiert aus dem Jahre 196 v. Chr. Die erste Untersuchung der demotischen Textfassung führten der französische Baron Antoine Isaac Silvestre de Sacy (1758–1838) und der Schwede Johan David Åkerblad (1763–1819) durch. Silvestre

William John Bankes in orientalischer Kleidung (um 1820) von Maxim Gauci.

Henry Wyndham Philipps: Sir John Wilkinson in orientalischer Kleidung (1844).

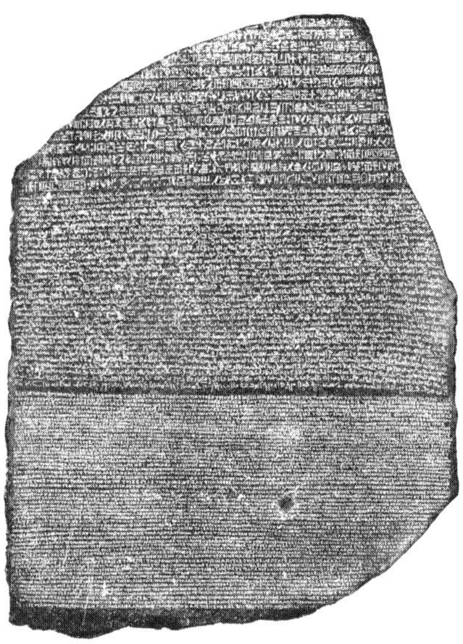

Der Stein von Rosette.

de Sacy entzifferte als erster drei Wörter des demotischen Textes (darunter den Namen ›Ptolemaios‹). Åkerblad wandte ebenfalls die Methode an, alle Eigennamen des griechischen Textes mit ihren demotischen Entsprechungen zu vergleichen, ging aber weiter und erkannte so die Bezeichnungen für ›Tempel‹ und ›Griechen‹. Beide bemerkten jedoch nicht, daß es sich um keine regelrechte Alphabetschrift (Buchstabenschrift) handelte. Dem englischen Arzt und Physiker Dr. Thomas Young (1773–1829) blieb die Erkenntnis vorbehalten, daß die Schrift der Altägypter im wesentlichen aus Lautzeichen bestand. Young entzifferte außerdem die Namen ›Berenike‹ und ›Kleopatra‹, wobei er die Inschrift des 1817 von Belzoni für seinen Entdecker – Bankes – abtransportierten Obelisken von der Insel Philai mit heranzog, der sich heute im Park des Bankesschen Besitzes in Kingston Lacy, Dorset, erhebt.
Ein junger Gelehrter – ein Schüler von Silvestre de Sacy am Pariser *Collège de France* –, Jean François Champollion (1790–1832), war seit seiner Kindheit vom Problem der Hieroglyphenentzifferung fasziniert und bereitete sich seinerseits auf deren Entschlüsselung vor, indem er so viele altorientalischen Sprachen wie möglich lernte, darunter besonders das Koptische. Ganze 16 Jahre alt, hielt er bereits einen Vortrag vor der Akademie in Grenoble, in dem er nachwies, daß das Koptische eine Form des Altägyptischen war. In seinem Brief von 1822 korrigierte er die von Young aufgestellte Liste der hieroglyphischen Lautzeichen und fuhr dann bis zu seinem Tode im Jahre 1832 fort, korrekt die Namen und Titel der römischen Kaiser zu entziffern, die sich auf Hieroglypheninschriften ägyptischer Monumente aus der Römerzeit fanden sowie eine Liste der Hieroglyphen je nach ihrem Charakter als Sinn- bzw. Bild-, Laut- oder Bestimmungszeichen und schließlich eine altägyptische Grammatik zusammenzustellen. Champollion reiste weit in Europa umher, um sich Sammlungen altägyptischer Altertümer anzusehen, und wurde 1826 zum Konservator der ägyptischen Sammlungen des Louvre ernannt, die man am 15. Dezember 1827 der Öffentlichkeit zugänglich machte. 1828–1829 bereiste er Ägypten, um mit der ersten systematischen Untersuchung der dortigen Sprachdenkmäler zu beginnen. In seiner Begleitung befanden sich zahlreiche Gelehrte, die später als Pioniere der Ägyptologie selbst bedeutenden Ruhm erwarben, insbesondere der Italiener Ippolito Rosellini

(1800–1843), dessen Riesenwerk ›Die Denkmäler Ägyptens und Nubiens‹ *(I Monumenti dell'Egitto e della Nubia)* 1832–1844 erschien, desgleichen Nestor L'Hôte (1804–1842), der sowohl zu den Veröffentlichungen Champollions als auch Rosellinis Zeichnungen beisteuerte (vgl. Seite 130).
Um die Mitte der zwanziger Jahre kam eine Reihe britischer Besucher nach Ägypten, die alle in irgendeiner Beziehung zueinander standen. Frederick Catherwood (1799–1855), der später vor allem durch seine Zeichnungen mittelamerikanischer Maya-Denkmäler berühmt wurde, besuchte Ägypten erstmals 1823/24 in Begleitung von Henry Westcar [Abb. 74, 76]. Auf der Rückreise begegnete er auf Malta Robert Hay (1799–1863), einem schottischen Altertumskundler, der von seinen Zeichnungen hellauf begeistert war und nach Alexandrien aufbrach, wo er im November landete. Zusammen mit einer ganzen Anzahl von Malern und Zeichnern unternahm er fortan mehrere Reisen nach Ägypten, 1832 auch zusammen mit Catherwood. Die Zeichnungen von Ruinenstätten, einzelnen Baudenkmälern oder Einzelobjekten, die Hay anfertigte (denn auch er selbst war ein hervorragender Zeichner) oder in Auftrag gab, bilden ein Archiv von unschätzbarem Wert, enthält es doch Informationen über viele Bauwerke, die inzwischen zerstört sind oder doch heute einen ganz anderen Anblick bieten.
1824 und auch später befand sich in Hays Begleitung Joseph Bonomi (1796–1878), der mit Catherwood befreundet war. Bonomi war Zeichner und Bildhauer, stammte aus einer römischen Architektenfamilie und blieb acht Jahre in Ägypten. Viele Gelehrte seiner Zeit wußten seine hervorragenden, akkuraten Zeichnun-

Pioniere der Hieroglyphenentzifferung: *Links oben:* Baron Isaac Silvestre de Sacy auf einer zum Gedächtnis seines Todes (1838) geschaffenen Medaille von Depaulis; *links unten:* Thomas Young nach einem Porträt von Sir Thomas Lawrence; *unten:* Porträt Jean François Champollions von Léon Cogniet (1831).

gen zu schätzen [Abb. 79]. Bonomi schuf die Abbildungen zu Wilkinsons ›Sitten und Bräuche der Altägypter‹, schloß sich 1842–1845 der von Richard Lepsius geleiteten deutschen Expedition an, richtete 1853 den ›Ägyptischen Hof‹ *(Egyptian Court)* des Kristallpalastes in London ein, zeichnete 1864 in Sir John Soanes Museum für Publikationszwecke den Sarkophag Sethos' I. und schnitt für Samuel Birchs ›Ägyptisches Wörterbuch‹ (*Egyptian Dictionary,* 1867) die ersten Hieroglyphen-Druckstöcke. Im Jahre 1861 wurde er zum Kurator des Soane-Museums ernannt – ein Amt, das er bis zu seinem Tode innehatte.

Ein weiterer Zeichner, der für Hay und Wilkinson tätig war, war Edward William Lane (1801–1876). Er war 1825 aus Gesundheitsgründen nach Ägypten gekommen. Lane war besonders geschickt im Umgang mit der *camera lucida,* wenn es Baudenkmäler [Abb. 10, 75] und subtile Inschriften-Details festzuhalten galt. Als kenntnisreicher Arabist veröffentlichte er 1836 ein Werk über ›Sitten und Gebräuche der heutigen Ägypter‹ *(Manners and Customs of Modern Egyptians)* und 1838–1840 seine wohlbekannte Übersetzung von *Tausendundeiner Nacht.*

A. C. T. E. Prisse d'Avennes (1807–1879), der 1826–1836 als Ingenieur in Mohammed Alis Diensten stand, war nicht nur Künstler, sondern verfügte auch über technische Kenntnisse. Er besaß ein Haus und einen Garten in Luxor sowie ein eigenes Boot auf dem Nil, das unter britischer Flagge fuhr, denn er behauptete, er stamme von walisischen Vorfahren ab und sein eigentlicher Name laute *Price of Avon.* Überaus fruchtbar, was die Produktion von Bildern anging [Abb. 38, Farbtafel XXIII], veröffentlichte er 1858–1877 eine zweibändige ›Geschichte der ägyptischen Kunst anhand ihrer Denkmäler‹ *(Histoire de l'Art Égyptien, d'après les monuments).* Zu seinen bedeutendsten Entdeckungen zählt die Königstafel, die 1845 in Karnak gefunden und nach Frankreich gebracht wurde.

In den dreißiger Jahren hielt der Besucher-Zustrom an. George Alexander Hoskins (1802–1863) fertigte 1832–1833 zahlreiche Zeichnungen an [Abb. 55] – weitere schuf er auf einer sehr viel späteren Reise (1860/61). Owen Jones (1809–1874) besuchte Ägypten 1833 zusammen mit Jules Goury. Beide waren über die Levante aus Konstantinopel und Griechenland gekommen und reisten nach Spanien weiter. Jones' ›Nilszenen‹ (*Scenery of the Nile,* 1840) und ›Nilansichten‹ (*Views of the Nile,* 1843) verdienen weniger wegen ihrer Bauwerksdarstellungen an sich Beachtung als wegen der Wiedergabe gewisser architektonischer Details und topographischer Ansichten [Abb. 21, 48, 67]. Jones' Hauptinteresse galt der Polychromie. Beispielsweise entwarf er die Farbzusammenstellung für den Kristallpalast der Weltausstellung von 1851 und arbeitete zusammen mit Bonomi und Samuel Sharpe (einem damaligen Ägyptologen) am »Handbuch des ›Ägyptischen Hofes‹« (*Handbook of the Egyptian Court,* 1854), den Bonomi für den neuerrichteten Kristallpalast in Sydenham entworfen hatte. Ein paar Jahre nach Jones (nämlich in den Jahren 1837/38) arbeitete Oberst Howard Vyse in Gizeh. Seinem Zeichner, Edward J. Andrews, verdanken wir Pläne, Aufrisse sowie einige Innenansichten der Pyramiden [Abb. 13], desgleichen fertigte er für Vyses und Perrings ›Weitere Arbeiten an den Pyramiden von Gizeh‹ (*Operations carried on at the Pyramids of Gizeh,* 1840–1842) die Zeichnungen an.

David Roberts (1796–1864) war der erste Künstler, der mit der erklärten Absicht nach Ägypten – und ins Heilige Land – aufbrach, Skizzen und Zeichnungen anzufertigen, die später als Vorlage für Gemälde dienen sollten, die er zu verkaufen gedachte. In Edinburgh geboren und ursprünglich als Anstreicher und Bühnenbildner ausgebildet, verlegte er 1822 seinen Wohnsitz nach London und schuf 1829 sein erstes Historiengemälde: ›Der Auszug der Israeliten‹ [Seite 177]. 1832/33 bereiste er Spanien, und im August 1838 begab er sich nach Alexandrien. Bis Februar 1839 blieb er in Ägypten, dann machte er sich mit zwei Gefährten auf den Weg nach Petra und Jerusalem. In einem gemieteten Boot fuhr er nilaufwärts bis zum 2. Katarakt, und sein Reisetagebuch ist voll von Kommentaren über Menschen und Monumente. Seine Zeichnungen und Ölbilder verraten seine Freude an der akkuraten Wiedergabe altägyptischer Baudenkmäler, konnte er doch jetzt ein schon lange gehegtes Vorhaben verwirklichen! Oft freilich bilden die Baudenkmäler lediglich den Hintergrund für von sorgfältiger Beobachtung zeugende Studien farbenfroh wiedergegebener Einheimischer [Farbtafel VII]. Roberts' Interessen beschränkten sich durchaus nicht auf Altägypten, vielmehr brachte er vierzehn Tage in Kairo ausschließlich damit zu, Moscheen und Straßenszenen zu zeichnen bzw. zu skizzieren. Um dabei nicht belästigt zu werden, legte er – wie damals übrigens die meisten europäischen Reisenden – orientalische Kleidung an, rasierte seinen Backenbart und vermied es, Pinsel aus Schweinsborsten zu benutzen, weil er die religiösen Gefühle der Moslems nicht verletzen wollte. Manche Plätze fesselten ihn dermaßen, daß er sie wiederholt aus verschiedenen Blickwinkeln und zu verschiedenen Tageszeiten skizzierte. Besonders zogen ihn Dendera [Farbtafel X], Karnak [Farbtafel XI], Edfu [Farbtafel XXI] und Philai [Farbtafeln XXIV, XXVI] an, und auch der Blick durch Säulenhallen [Farbtafel XXV] hatte es ihm angetan. Nach seiner Rückkehr aus dem Orient bildete das Material, das er mitgebracht hatte, die Vorlage für eine Reihe prächtiger Lithographien, die Louis Haghe schuf. Die Darstellungen ägyptischer Motive wurden erstmals 1846–1850 mehrfarbig koloriert in Großformat veröffentlicht, erschienen aber 1855–1856 noch einmal in einer kleineren Schwarzweiß-Version mit leicht abgeänderten Texten von William Brockedon. Roberts war außergewöhnlich produktiv: siebenhundert Skizzen nebst zahlreichen Aquarellen und Ölbildern von seiner Hand sind noch erhalten. Ein Teil ist unsigniert, doch in der Regel handelt es sich um Werke, die deutlich seine persönliche ›Handschrift‹ verraten. Im Jahre 1841 ernannte ihn die Königliche Akademie zu ihrem Mitglied. Nach seinem Tode (1864) ehrte ihn die *Art-Union of London* mit einer 1875 herausgebrachten Gedenkmedaille, die sein berühmtes Bild ›Der Briefschreiber‹ in Metall überträgt – eine bezaubernde Szene: eine teilweise verschleierte Frau diktiert einem schon etwas ältlichen Schreiber im *suq* zu Kairo einen Brief.

Das zweite großangelegte Standardwerk des 19. Jahrhunderts nach der französischen *Description de l'Égypte* kam aus Deutschland: die 1849–1859 in Berlin erschienenen, 12 Bände umfassenden *Denkmäler aus Ägypten und Äthiopien.* Ihr Herausgeber, Richard Lepsius (1810–1884), gilt allgemein als der einzige Ägyptologe, der den Vergleich mit Champollion aufnehmen konnte. Ein glänzender Sprachwissenschaftler und Methodiker, leitete er 1842–1845 die preußische Ägypten- und Nubien-Expedition, auf der die *Denkmäler* beruhten, und bei einem späteren Ägyptenbesuch (1866) entdeckte er in Tanis das Edikt von Kanopos: einen Stein mit einer zweisprachigen Inschrift, die die grundsätzliche Richtigkeit der Hieroglyphenentzifferung Champollions bestätigte.

Lepsius' *Denkmäler* sind sehr viel detaillierter als Jomards und Denons *Description,* sowohl was Inschriften als auch Bodendenkmäler angeht [Abb. 17, 18, 25, Farbtafel XVI], obwohl die *Description* kraftvollere Darstellungen aufzuweisen hat. Die preußische Expedition hielt antike Trümmerstätten nicht allein im Bild fest, sondern führte auch Ausgrabungen durch, besonders an der Stätte des sogenannten ›Labyrinths‹ (des Totentempels König Amenemhets III.) in Hawâra (Faijûm), und sammelte Altertümer; mehr als 15000 Antiquitäten und Abgüsse wurden nach Berlin verfrachtet, wo Lepsius später den Bau des Ägyptischen Museums leitete. Viele dieser Antiquitäten sind auf den 894 Foliotafeln der *Denkmäler* abgebildet. Die meisten Zeichnungen, die dabei als Druckvorlage dienten, stammten von Ernst Weidenbach (1818–1882), dem bedeutendsten Maler unter den Expeditionsteilnehmern. Aus Ägypten zurück, trat Weidenbach dem Mitarbeiterstab des Museums bei und blieb am Museum tätig, bis sein Gesundheitszustand ihn 1878 zwang, sich zur Ruhe zu setzen. Zeichnungen von ihm finden sich auch in anderen Büchern Lepsius' sowie in einigen Veröffentlichungen von Georg Ebers und Auguste Mariette. Die fünf Textbände der *Denkmäler* wurden erst 1897–1913 (mithin erst nach Lepsius' Tode) veröffentlicht und enthalten auch lediglich seine Notizen. Die Redaktion besorgte der Schweizer Ägyptologe Edouard Naville.

Eine 1875 von der *Art-Union of London* herausgegebene, von G. Morgan geschaffene Bronze-Gedächtnismedaille für David Roberts.

So gewissenhaft die Mitglieder der preußischen Expedition im allgemeinen auch sämtliche Monumente erfaßten, die an ihrem Weg lagen – mitunter gönnten sie sich Zeit für sehr menschliche Regungen. So schrieb Lepsius nach Hause:

Gestern am 15. Oktober war Königs Geburtstag. *Ich hatte diesen Tag für den ersten Besuch der großen* Pyramiden *ausersehen. Dort wollten wir unsers Königs und unsers Vaterlandes mit einigen Freunden in fröhlicher Feier gedenken. Wir luden den österreichischen Consul* Champion, *den preußischen Consul* Bokty, *unsern gelehrten Landsmann* Dr. Pruner *und die Herren* Lieder, Isenberg, Mühleisen *und* Krapf *zu dieser Partie ein, an welcher jedoch Einige derselben leider verhindert wurden Theil zu nehmen ... Unterdessen war auch ein geräumiges, buntverziertes Zelt angekommen, das ich in Cairo gemiethet hatte. Ich ließ es an der Nordseite der Pyramide aufschlagen und die große preußische Königsflagge, den schwarzen Adler mit goldenem Zepter, Krone und blauem Schwerte auf weißem Grunde, die unsere Künstler in den letzten Tagen selbst gezeichnet, genäht und an einer hohen Stange befestigt hatten, vor der Thür des Zeltes aufpflanzen. An dreißig Beduinen hatten sich inzwischen um uns versammelt, und warteten auf den Augenblick, da wir die Pyramiden besteigen würden, um uns mit ihren kräftigen braunen Armen die drei bis vier Fuß hohen Stufen hinauf zu heben. Kaum war das Zeichen zum Aufbruch gegeben, so war auch schon ein Jeder von mehreren Beduinen umringt, die ihn wie im Wirbelwinde den rauhen steilen Weg zum Gipfel hinaufrissen. Wenige Minuten später entfaltete unsere Fahne auf dem Gipfel des ältesten und höchsten aller Menschenwerke, die wir kennen, den preußischen Adler, den wir mit einem dreimaligen jubelnden Lebehoch auf unsern König begrüßten. Nach Süden fliegend, wendete der Adler sein gekröntes Haupt der Heimath zu gen Norden, von wo ein erfrischender Wind wehte und die heißen Strahlen der Mittagssonne an uns abgleiten ließ. Auch wir schauten heimathwärts und ein Jeder gedachte laut oder still in seinem Herzen derer, die er dort liebend und geliebt zurückgelassen hatte.*

Karl Richard Lepsius. Nach einer Daguerreotypie aus dem Jahre 1850.

William Henry Bartlett (1809–1854), der sich auf Landschaftsdarstellungen spezialisiert hatte, unternahm weite Reisen in Europa wie Amerika und kam 1845 auch nach Ägypten [Farbtafel XVII]. Seine Schilderung ›Das Nilboot‹ (*The Nile Boat*, 1850) war außerordentlich erfolgreich und erlebte mehrere Auflagen. Seine realistischen Zeichnungen sind auch deshalb für die Wissenschaft von großer Bedeutung, weil viele Objekte inzwischen zerstört oder doch zumindest schwer beschädigt sind. Er selbst fand während der Überfahrt von Malta nach Marseille im Mittelmeer den Tod.

Im November 1849 traf Gustave Flaubert (1821–1880) mit seinem Freund Maxime Du Camp (1822–1894) in Alexandrien ein. Flaubert stand damals noch vor dem Beginn seiner schriftstellerischen Karriere und reiste offiziell im Auftrag des französischen Handelsministeriums, während Du Camp vom Institut de France beauftragt war, mit den damals üblichen Techniken (Zeichnen und Abklatschen, d. h. Anfertigung von Papierabdrucken in Stein gemeißelter Inschriften) Monumente aufzunehmen. Außerdem sollte er sich »jenes modernen, effizienten, raschen und stets gewissenhaft exakten Reisegefährten« bedienen, wie das Institut seine – Kamera nannte! Die beiden verbrachten den Winter in Kairo und kampierten – ganz Romantiker – nachts in Gizeh, um von der Spitze der Großen Pyramide den Sonnenaufgang zu bewundern.

Am 6. Februar brachen Du Camp und Flaubert in ihrem gemieteten Boot auf. Ihr Reiseplan war die übliche Route: mit dem Wind nilaufwärts, dann mit der Strömung wieder flußabwärts – mit Aufenthalten, wo immer es sich ergab. In Kairo machte Flaubert die Erfahrung, daß man in europäischer Kleidung (die weitgehend aus Schichten warmen Flanells bestand) mehr respektiert wurde, doch unterwegs kleideten er und sein Begleiter sich ägyptisch. Ihr Boot war von einem Typ, wie ihn Reisende noch bis weit ins Zeitalter der Dampfschiffahrt hinein benutzten. Es war blau gestrichen, und ...

»... sein raïs *[Kapitän] heißt Ibrahim. Die Besatzung besteht aus neun Mann. Als Kajüten dienen uns ein Raum mit zwei kleinen, einander gegenüberliegenden Diwanen, ein weiterer Raum mit zwei Betten sowie an einer Seite einer Art Alkoven für unser Gepäck, an der anderen einer Toilette englischen Typs, hinzu kommt noch ein dritter Raum, wo Sassetti [Du Camps Diener] schlafen wird und den wir außerdem als Vorratskammer benutzen. Der* dragoman *[Dolmetscher] schläft an Deck. Er ist so vornehm, daß er, seit wir ihn bei uns haben, nicht ein einziges Mal die Kleider auszog. Stets ist er in Schale, stöhnt aber unentwegt:* Il fa trop chaud *[›es ist furchtbar heiß‹].«*

Georg Frey: *Die preußische Expedition auf der Cheops-Pyramide am Geburtstag des Königs* [Friedrich Wilhelm IV.], *15. Oktober 1842.* Lepsius steht, mit einem leicht kolorierten Kittel bekleidet, links.

Sieben Wochen später erreichten sie den südlichsten Punkt ihrer Reise: Wadi Halfa am 2. Katarakt. Für die Rückfahrt brauchten sie drei Monate. Sie machten an fast jeder Ruinenstätte halt, die am Ufer des Stromes lag, und unternahmen einen anstrengenden Abstecher nach Quseïr am Roten Meer, wo sie in einen *Samum* oder *Chamsin* (Sandsturm) gerieten (Seite 32). Gegen Ende Juni erreichten sie Kairo, und im Juli verließen sie Ägypten, um nach Beirut weiterzureisen.
Selbstverständlich verdrängte schließlich die Photographie das Zeichnen, doch in ihren Kindertagen war sie noch viel zu kompliziert. Du Camp litt wegen seiner

›Kalotypien‹ Qualen, und Francis Frith, der Ägypten erstmals 1856 besuchte, mußte für sein Kollodiumverfahren Glasplatten und ein ganzes Chemielabor mit sich schleppen. Friths Aufnahmen fanden großen Anklang, doch die Zeit der Zeichner war noch keineswegs vorbei. Edward James Hawker bereiste Ägypten 1850–1852 aus Gesundheitsgründen und hinterließ zahlreiche Zeichnungen, von denen sich heute 3 Mappen im Oxforder Griffith Institute befinden [Abb. 51, 70, 72].

Noch viele andere Zeichner und Maler besuchten Ägypten im ausgehenden 19. Jahrhundert und hinterließen außerordentlich ansprechende Kunstwerke, die allerdings kaum noch jemand kennt. Zu ihnen gehört beispielsweise Canon George Frederick Weston (1819–1887), dessen köstliche Aquarelle sich im Fitzwilliam-Museum in Cambridge befinden.

Von den Ägyptenreisenden des 19. Jahrhunderts, die ihre Reiseabenteuer in schriftlicher Form festhielten und der Nachwelt überlieferten, ist vor allem Amelia Ann Blanford Edwards (1831–1892) hervorzuheben, die auf eine erfolgreiche Laufbahn als Schriftstellerin und Journalistin zurückblicken konnte, als sie nach Ägypten kam. Schon als Kind hatte Wilkinsons ›Sitten und Gebräuche‹ ihre Begeisterung für Altägypten geweckt. Schließlich unternahm sie 1873/74 selbst eine Reise an den Nil und nach Syrien. Ihr Reisebericht, 1877 unter dem Titel ›Eintausend Meilen nilaufwärts‹ *(A Thousand Miles up the Nile)* veröffentlicht, sollte ihr bekanntestes und beliebtestes Buch werden. Es erlebte mehrere Auflagen und ist eine ergötzliche Lektüre. Übertroffen wird es vielleicht nur noch von Belzonis *Narrative.*

Amelia Edwards kamen ihre Erfahrungen als Journalistin und Autorin sehr zustatten, und sie hielt überall Vorträge über Ägypten. In ihrer eigenen Begeisterung vermochte sie auch andere mitzureißen. Eine Vortragsreise in Amerika (1889/90) war ein großer Erfolg, und sie faßte ihre Vorträge zu einem neuen Band zusammen, der 1891 unter dem Titel ›Pharaonen, Fellachen und Forscher‹ *(Pharaohs, Fellahs and Explorers)* erschien und es gleichfalls auf mehrere Auflagen brachte. Ganz besonders lag Amelia Edwards am Herzen, daß die altägyptischen Baudenkmäler wissenschaftlich untersucht und erfaßt würden, bevor sie für immer verloren waren. Schon in den siebzig Jahren zwischen Denons Expedition und ihrer Reise waren zahlreiche Monumente verschollen. So setzte sie sich energisch dafür ein, daß der ›Ägypten-Forschungsfonds‹ *(Egypt Exploration Fund)* gegründet wurde (März 1882), den man später in ›Gesellschaft zur Erforschung Ägyptens‹ *(Egypt Exploration Society)* umbenannte. Ihre Mitarbeiter waren Reginald Stuart Poole und Sir Erasmus Wilson, der 1877 die Kosten für die Überführung der sogenannten ›Nadel der Kleopatra‹ nach London getragen hatte.

Amelia Edwards war die erste Sekretärin des neugegründeten Fonds und stellte sich auch als Publizistin ganz in seinen Dienst. Aus ›ihrer‹ Gründung ging eine Institution hervor, die noch heute wesentlichen Anteil an der wissenschaftlichen Erforschung Altägyptens hat. Nie wirklich reich, beschloß sie 1885 gleichwohl, den ersten ägyptologischen Lehrstuhl am Londoner *University College* zu begründen und machte in ihrem Testament ein entsprechendes Legat. Sie wünschte sich Flinders Petrie (1853–1942) als ersten Inhaber dieses Lehrstuhls, und er hatte ihn auch vierzig Jahre lang inne, bis er sich 1933 zur Ruhe setzte.

Im weiteren Verlauf des 19. Jahrhunderts wurde Ägypten immer zugänglicher für jeden, der nur Interesse und Geld hatte, um die Reise zu wagen. Zahlreiche Mitglieder europäischer Königshäuser wohnten 1869 der Eröffnung des Suezkanals bei. Besonders starkes Interesse an ägyptischen Altertümern zeigten der Prinz und die Prinzessin von Wales (später König Edward VII. und Königin Alexandra). 1862 war der Prinz dabei, als in Theben eine Mumie entdeckt wurde (offenbar hatte man dabei ein wenig dem Zufall nachgeholfen), und 1903 machte er den großen Totenpapyrus des thebanischen Hohenpriesters Pinudjem II. dem Britischen Museum zum Geschenk. Noch unternehmungslustiger gab sich, wie eine Skizze des seinerzeit berühmten Zeichenstift-Reporters Simpson zeigt, der

Amelia B. Edwards nach einer Photographie, die ihrem Werk *Pharaohs, Fellahs and Explorers* als Frontispiz diente.

österreichische Kaiser Franz Joseph. Die *Illustrated London News,* die diese Skizze in ihrer Weihnachtsnummer 1869 brachte, vermerkt, der Kaiser habe bei seinem Ägyptenbesuch »vor der Pyramide keine bessere Figur« abgegeben »als irgend jemand aus der Schar derer, die so oft diesen wundervollen Bau besuchen«. Tatsächlich – in den Händen zweier kräftiger Araber, die ihm beim Emporklimmen behilflich waren – nahm sich der Kaiser, »so wie man ihn über die riesigen Steinblöcke stieß und zerrte, eher wie ein Gefangener in der Gewalt seiner Feinde aus, und man konnte sich im ersten Augenblick des Eindrucks nicht erwehren, er werde mißhandelt«. Unmittelbar im Kielwasser des Prinzen und der Prinzessin von Wales beförderte Thomas Cook seine erste Reisegruppe zum Nil, und bald gab es regelrechte Besichtigungstouren. Simpsons Stift fing andere Besucher ein, die im Eiltempo von Monument zu Monument hasteten [Abb. 4]. Ägypten war Reiseland geworden.

Links: William Simpson: *Der Kaiser von Österreich besteigt die Große Pyramide,* 24. November 1869.

Unten: Bronzemedaille zur Erinnerung an die Anwesenheit Kaiser Franz Josephs bei der Eröffnung des Suezkanals: Flankiert von den Pyramiden bei Gizeh sowie von einem sowohl unter Segel gehenden als auch mit Dampf betriebenen Schiff thront eine ägyptische Königin auf einem Sphinx.

Gegenüber, oben: Entdeckung einer Mumie bei einer Ausgrabung in der Nähe von Theben im Beisein Seiner Königlichen Hoheit des Prince of Wales, 18. März 1862. Aus Samuel Birch: *The Papyrus of Naskhem* (1863).

Gegenüber, unten: William Simpson: *Dhahabîa* (Dehabije; Personen-Nilschiff, in diesem Fall: Dampfschiff) *des Prinzen und der Prinzessin von Wales auf dem Nil* bei Philai, Februar 1869 (Detailansicht).

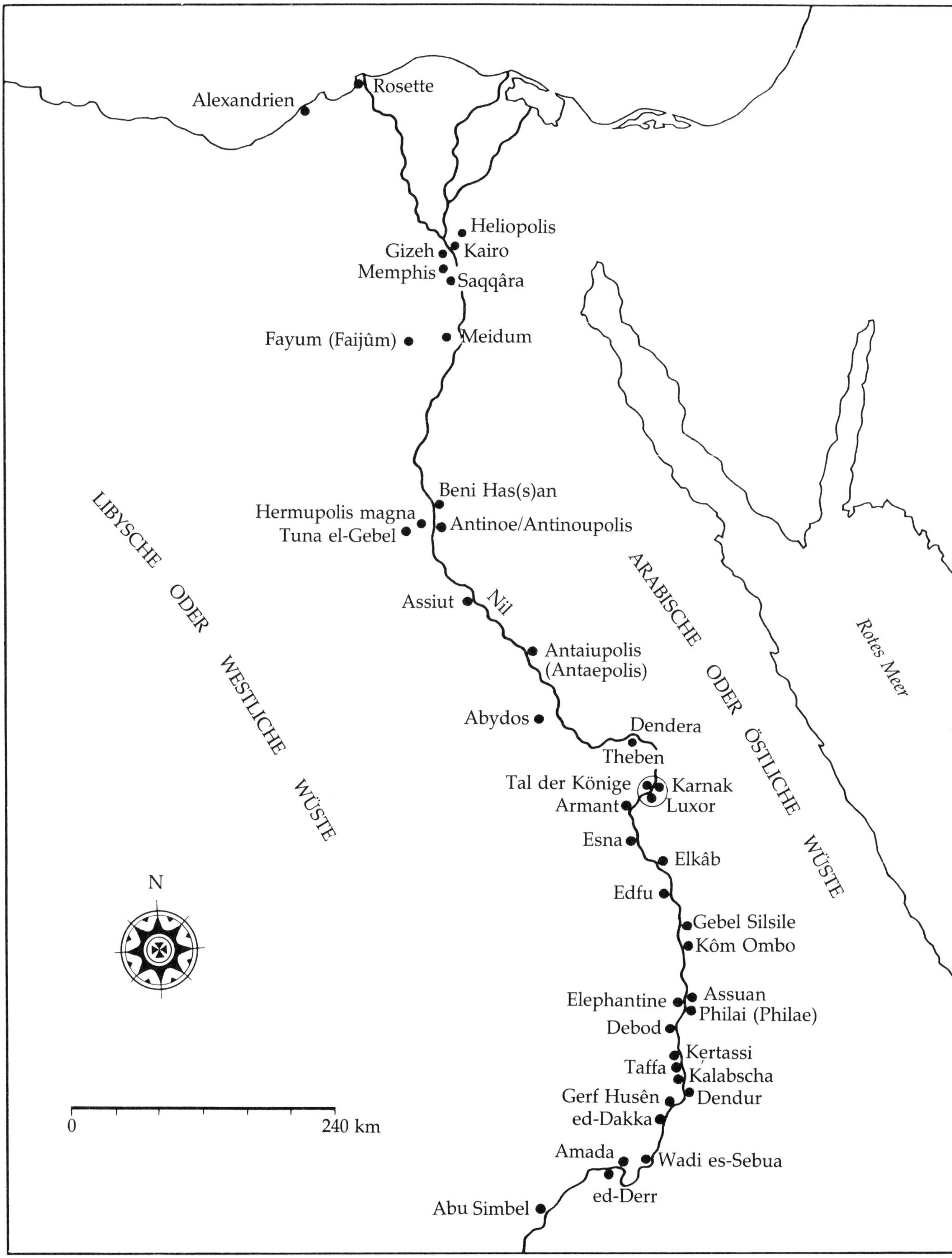
Rosette
Alexandrien
Heliopolis
Gizeh
Kairo
Memphis
Saqqâra
Fayum (Faijûm)
Meidum
Beni Has(s)an
Hermupolis magna
Antinoe/Antinoupolis
Tuna el-Gebel
LIBYSCHE ODER WESTLICHE WÜSTE
ARABISCHE ODER ÖSTLICHE WÜSTE
Rotes Meer
Assiut
Nil
Antaiupolis
(Antaepolis)
Abydos
Dendera
Theben
Tal der Könige
Karnak
Armant
Luxor
Esna
Elkâb
Edfu
N
Gebel Silsile
Kôm Ombo
Elephantine
Assuan
Philai (Philae)
Debod
Kertassi
Taffa
Kalabscha
Gerf Husên
Dendur
0
240 km
ed-Dakka
Amada
Wadi es-Sebua
ed-Derr
Abu Simbel

II. Eine Reise auf dem Nil

Unterägypten

Alexandrien

Vgl. auch Farbtafeln IV und VI

»Die beiden Obelisken, von denen der eine noch stehende die Nadel der Cleopatra genannt wird, sind auf den Wetterseiten sehr verwittert, und zum Theil ganz unleserlich geworden. Sie wurden von Thutmosis III. im 16. [tatsächlich im 15.] Jahrhundert v. Chr. errichtet; später hat sich Ramses Miamun [Ramses II.] . . . eingeschrieben.«

Richard Lepsius am 16. Oktober 1842 *(Briefe aus Aegypten, Aethiopien und der Halbinsel des Sinai* [1852], Seite 11).

Beide Obelisken waren ursprünglich um 1449 v. Chr. von Thutmosis III. für dessen ›Vater‹, den Sonnengott Rê-Harachte, in Heliopolis (vgl. Seiten 60–61) aufgestellt worden. Der römische Kaiser Augustus ließ sie um 10 v. Chr. nach Alexandrien bringen und vor dem Kaisareion (Caesareum), *dem Tempel des* Divus Iulius *(Caesar), aufrichten. Sie ruhten hier auf den Rücken mit Inschriften versehener bronzener Krebse, die als Sternbild und sommerliches Tierkreiszeichen in enger Verbindung mit der Symbolik des (römischen) Sonnengottes* Sol *standen.*
Im Mittelalter und noch zu Beginn der Neuzeit (letztmals belegt: 1627) hießen diese Obelisken ›Nadeln des Pharao‹. Ihre jüngere Bezeichnung ›Nadel der Kleopatra‹ (die 1704 zum ersten Male auftaucht) entbehrt jeder Grundlage: Kleopatra VII., ›die Große‹, beging schon 30 v. Chr. Selbstmord und war mithin bereits 20 Jahre tot, als Augustus die ›Nadeln‹ nach Alexandrien bringen ließ.
Beim großen Erdbeben des Jahres 1301 (n. Chr.) stürzte der eine Obelisk um, blieb aber erstaunlicherweise unversehrt. Nach dem Sieg der Briten bei Alexandrien im Jahre 1801

1 Cécile: *Kleopatras Nadeln und Römerturm von Südwesten,* 1798 (aus der *Description de l'Égypte*).

warf der Earl of Cavan begehrliche Blicke auf ihn, schien er ihm doch außerordentlich als Siegesdenkmal geeignet. Mohammed Ali schenkte ihn dann 1820 tatsächlich den Engländern, abtransportiert wurde er allerdings erst im September 1877. Nach verschiedenen Zwischenfällen auf See konnte er schließlich im September 1878 in London am Themse-Ufer (Victoria Embankment) errichtet werden. Sein seinerzeit noch stehendes Gegenstück wurde 1869 bei der Eröffnung des Suezkanals vom damaligen Khediven (Vizekönig) den USA angeboten. Ein unerschrockener amerikanischer Offizier, Lieutenant-Commander Henry H. Gorringe, brachte diesen Obelisken nach New York, wo man ihn im Januar 1881 im Central Park aufstellte. Seit Lepsius' Zeiten haben beide Obelisken in ihrer neuen Heimat im Norden noch sehr viel mehr unter Verwitterung gelitten. Ihre faszinierende Geschichte schilderte jüngst Labib Habachi.

Abgesehen von dem Bereich rings um die Pompeiussäule (Farbtafel IV), dem erst 1964 ausgegrabenen römischen Theater und den Katakomben von Kôm el-Schugâfa, ist von Alexanders einst so mächtiger Stadt kaum etwas übriggeblieben. Die (nichtchristlichen) Katakomben haben mit den Katakomben Roms wenig gemein. Sie sind reich dekoriert, viele mit Abbildungen altägyptischer Götter, aber in einem griechisch-römischen Mischstil: So trägt der schakalsköpfige Anubis, der göttliche Schützer der Friedhöfe und Einbalsamierungshallen, nun die Kleidung eines römischen Kriegers. Ptolemaios I. ließ ein Prachtgrab für Alexander den Großen errichten, das Augustus noch sah, als er in Alexandrien war. Seitdem ist es verschwunden. Vermutlich versank es, wie vieles andere, im Meer. Jedenfalls fand sich bisher noch nichts, das sich mit der Grabausstattung in Verbindung bringen ließe, die zweifellos nicht weniger prächtig war als die des erst jüngst entdeckten makedonischen Königsgrabes in Vergina (Makedonien, Nordgriechenland).

2 Luigi Mayer: *In den Katakomben von Alexandrien* (aus: *Views in Egypt*, 1804).

Heliopolis

»Am 13. October machten wir den ersten Ausflug von hier nach den Ruinen von Heliopolis, dem biblischen On, von wo Joseph seine Frau Asnath, die Tochter eines Priesters, nahm. Nichts ist von dieser hochgepriesenen Stadt, die sich rühmte, die gelehrteste Priesterschaft nächst Theben zu besitzen, übriggeblieben als die Mauern, welche jetzt nur großen Erdwällen gleichen, und ein Obelisk, der aufrecht, ja vielleicht noch auf seinem ursprünglichen Platze steht. Dieser Obelisk hat das besondere Interesse, daß er von dem Könige Sesurtesen I [Sesostris I.] im alten [in Wirklichkeit: Mittleren] Reiche um 2300 errichtet, bei weitem der älteste von allen bekannten Obelisken ist ... Boghos Bey hat den Grund und Boden, auf welchem der Obelisk steht, zum Geschenk erhalten, und um denselben einen Garten angelegt. Die Blumen des Gartens haben eine Menge Bienen herbeigelockt, und diese haben keine bequemere Wohnung finden können als in den tief und scharf geschnittenen Hieroglyphen des Obelisken. Binnen Jahresfrist haben sie die Inschriften der vier Seiten dergestalt überzogen, daß ein großer Teil derselben jetzt ganz unleserlich geworden ist. Er war aber schon früher publizirt worden und unserer Vergleichung boten sich wenig Schwierigkeiten dar, weil drei Seiten dieselbe Inschrift tragen und auch die der vierten nur wenig abweicht.«

Richard Lepsius am 16. Oktober 1842 (*Briefe aus Aegypten, Aethiopien und der Halbinsel des Sinai* 1852, Seiten 16–17).

Heliopolis war die heilige Stadt des Sonnengottes, wo der heilige Benben-*Stein, ein pyramidenförmiges Steinidol des Gottes, besondere Ehren genoß. Die Gestalt dieses Steines war wohl die Urform des Obelisken – eine kleine Pyramide hoch in der Luft. Die Zahl der Obelisken, die sich einst in Heliopolis erhoben, war groß, doch nur dieser eine, den Sesostris* (S-n-Wśr.t) *I. (1971–1929/26) errichten ließ, hat die Zeiten überdauert. Er ist 20,40 m hoch und besteht aus einem einzigen Block roten Assuan-Granits. Wie verloren steht er in den Feldern unweit der schon recht alten Ortschaft el-Matarijeh.*

3 Luigi Mayer: *Alter Obelisk bei Mataria, dem früheren Heliopolis,* (ca. 1800)

4 *Nebenstehend:* William Simpson: *Heliopolis* (*Wie es* [heute] *ist,* 1878).

Gizeh

(Giza/Gise)

Vgl. auch Farbtafeln I, VII, VIII.

»Zufällig war der Offizier, der die Eskorte kommandierte, einer meiner Freunde. Er nahm mich in die Liste derer auf, die zu den Pyramiden abkommandiert waren. Wir waren etwa 300 Mann. Auf Bewässerungskanälen segelten wir durch die Felder, und nach mehrmaligem Kurswechsel mitten im bebauten Land legten wir gegen Mittag am Rand der Wüste an, eine halbe Wegstunde von den Pyramiden entfernt. Während wir uns ihnen näherten, hielt ich in verschiedenen Positionen mehrere Ansichten von ihnen fest ... Bewegt man sich auf diese überwältigenden Bauwerke zu, ist infolge ihrer abschüssigen, eckigen Formen ihre wahre Größe nicht erkennbar, und sie erscheinen dem Auge kleiner, als sie sind ... Versucht man jedoch, irgendeinen bekannten Maßstab an eines dieser riesenhaften Bauwerke anzulegen, kehrt sofort das Gefühl ihrer Unermeßlichkeit wieder, denn als ich auf die Öffnung zuging, wirkten 100 Personen, die unter ihr standen, so winzig, daß ich sie kaum als Menschen ausmachen konnte.«

Vivant Denon: *Voyage* (1802).

»Nun dehnte sich vor uns eine unermeßliche Ebene, sehr grün, mit Vierecken erst vor ganz kurzer Zeit gepflügten Erdreiches – des letzten, von dem sich die Nilflut zurückgezogen hatte. Wie Ausziehtusche hoben sie sich von dem allgemeinen Grünton ab. Ich denke an die der Isis geltende Anrufung: ›Heil! Heil! Schwarze Erde Ägyptens!‹ ...

Gegen halb vier Uhr befinden wir uns fast am Rande der Wüste, und die drei

Pyramiden ragen drohend vor uns empor. Ich kann mich nicht mehr zurückhalten und gebe meinem Reittier die Sporen ... rasch klimmen wir zur Sphinx hinan, Sandwolken wirbeln um uns her.«

Gustave Flaubert: Reisenotizen, 7. Dezember 1849.

6 Edward Lear: *Die Pyramiden* (1854).

Lears Gemälde zeigt – von rechts nach links – die aus der Zeit der IV. Dynastie stammenden Pyramiden des Cheops (König von etwa 2575–2550 oder 2545–2520 v. Chr. [J. v. Beckerath, andere anders]), des Chephren (etwa 2540–2515 oder 2510–2485 [dito]) und des Mykerinos (König von etwa 2510–2485 bzw. 2485–2457 [dito]). Die Sphinx wurde für Chephren geschaffen, und Barrys Darstellung zeigt sie am Fuß des zur Chephrenpyramide führenden Aufwegs.

5 *Nebenstehend:* Charles Barry: *Pyramiden von Geezah* (Gizeh, 1819).

Die Cheopspyramide

Die drei Pyramiden von Gizeh, insbesondere aber die größte von ihnen, die ›Große Pyramide‹ des Königs Cheops oder Chufu (Chnumchufu), wurden zu den Sieben Weltwundern der Antike gezählt und sind in ihrer Gesamtheit das einzige dieser Weltwunder, das noch steht. Wie die anderen Pyramiden wurde auch die Cheopspyramide bereits im Altertum geplündert und steht mindestens seit 25/24 v. Chr., als der antike Geograph Strabon sie besuchte und beschrieb, offen. Strabon spricht von einem drehbar gelagerten Stein der Außenverkleidung, der ihren Eingang verschloß. Allerdings wurde die Außenverkleidung im Mittelalter größtenteils abgetragen. Man verwendete sie als Baumaterial für die Häuser Alt-Kairos.

Einmalig an dieser Pyramide ist die sogenannte ›Große Galerie‹. Der enge Zugangskorridor erweitert sich hier plötzlich zu einer hohen, kragsteinüberdachten Passage, die steil zu der im Zentrum (wenn auch nicht genau auf der Pyramiden-Mittelachse) liegenden Grabkammer hinaufführt. Céciles Radierung zeigt den Blick durch diese ›Galerie‹ von unten nach oben (links) sowie von oben in rückwärtiger Richtung nach unten (rechts). Denon, Flaubert und andere hatten mit ihrer Vermutung unrecht, der Sarkophag sei durch diese ›Galerie‹ in die Grabkammer hinaufgeschleift worden. Sir Flinders Petrie nahm 1880–1882 eine genaue Vermessung der Großen Pyramide vor und stellte fest: Der Sarkophag war einen englischen Zoll (= 2,54 cm) breiter als der aufsteigende Gang. Daher muß sich dieser Sarkophag bereits an seinem Platz befunden haben, als man die Grabkammer mit ihren neun monolithischen Granitplatten abdeckte. Die Südostecke des granitnen Behältnisses ist abgebrochen, offensichtlich schon vor sehr langer Zeit. Vermutlich waren Räuber dafür verantwortlich, die früh die Pyramide heimsuchten. Mit solcher Meisterschaft wurde einst dieser Sarkophag aus einem einzigen Steinblock gehauen, daß er noch immer einen unverkennbar glockenartigen Ton von sich gibt, wenn man ihn anschlägt. Von seinem Deckel fand sich bisher noch keine Spur, nicht einmal Bruchstücke lagen auf dem Grabkammerboden.

»... man klimmt ein paar Fuß nach oben und findet sich am anderen Ende einer hohen, grandiosen Treppe oder vielmehr schiefen Ebene von 180 Fuß Länge, die nach oben und weiter zum Pyramidenzentrum hin führt. Ihre Breite beträgt 6 Fuß 6 Zoll. Der Sarkophag muß diese Passage hinaufgebracht worden sein, und die Reihe von Löchern diente wohl zur Befestigung irgendeiner Maschinerie, die es erleichtern sollte, eine so schwere Masse wie diesen Sarkophag eine so steile Passage hinaufzuhieven.

Die Seitenwände dieser aufsteigenden Galerie erheben sich, schräg nach innen geneigt, 12 Fuß und bilden dann ein steiles Dach mit ungewöhnlich hohem First ... Die Gesamthöhe dieses seltsamen Gewölbes beträgt daher 60 Fuß über dem unmittelbar darunterliegenden Teil des Bodens. Es muß unvorstellbare Mühe bereitet haben, diesen Teil des Bauwerkes zu errichten. Nicht geringere Mühe aber kostete es wohl, eine Öffnung aufzubrechen, wobei sich fanatischer Aberglaube und Habgier gegenübergestanden haben müssen und letztere die Oberhand gewann. Nachdem man sich durch 13 Fuß massiven Granits durchgearbeitet hatte, war man auf eine drei Fuß, drei Zoll im Geviert messende Tür gestoßen, die den Eingang zur Grabkammer bildet ... Wenn man dieses Heiligtum betritt, steht rechts am jenseitigen Ende ein einzelner Sarkophag, 6 Fuß und 11 Zoll lang, 3 Fuß breit und 3 Fuß sowie 1½ Zoll hoch. Damit, daß das Grab [der Sarkophag] aus einem einzigen Granitblock gearbeitet wurde und daß die Kammer aus demselben Material besteht, das halb poliert ist und keine Spur eines Bindemittels aufweist, ist schon alles Erwähnenswerte über dieses seltsame Monument gesagt, das mitten in einem Denkmal äußerster menschlicher Machtentfaltung von so strenger Schlichtheit zeugt.«

Vivant Denon: *Voyage* (1802).

7a–b Cécile: *Zwei Ansichten der Großen Galerie in der Großen Pyramide zu Giza* (Gizeh), 1799 (aus der *Description de l'Égypte*).

»Nach dem Frühstück besuchten wir das Pyramideninnere. Die Öffnung befindet sich im Norden. Abstieg durch einen Korridor, der (wie ein Abzugskanal) sanft abfällt. Dann ein ansteigender Gang. Wir gleiten auf Fledermauskot aus. Wie es scheint, schuf man diese Gänge, um langsam die riesigen Särge an ihre Plätze zu schleppen. Vor der Kammer des Königs breitere Korridore mit großen, länglichen Eintiefungen im Stein, als ob man hier einen Fallstein oder dergleichen herabgelassen hätte. Königskammer ganz aus Granit mit enormen Blöcken, leerer Sarkophag am jenseitigen Ende.«
Gustave Flaubert: Reisenotizen, 8. Dezember 1849.

8 *Rechts:* Luigi Mayer: *Kammer and Sarkophag in der Großen Pyramide zu Gizah* (Gizeh), aus: *Views in Egypt* (1804, Detailansicht).

Die Pyramide des Chephren

»In einem Zeitalter der Vernunft wie dem gegenwärtigen stand da eines der größten Weltwunder vor uns, und dabei wußten wir nicht einmal, ob es im Innern einen Hohlraum enthielt oder eine solide Steinmasse darstellte. Die unterschiedlichen Versuche zahlreicher Reisender, insbesondere der kopfstarken Gruppe französischer savans [Belzoni meint die *savants*, die Napoleon begleiteten], fielen so stark ins Gewicht, daß man es nahezu für Wahnwitz halten mußte, auch nur daran zu denken, ein solches Unterfangen zu wiederholen ... Dies alles ging mir durch den Kopf, als ich erwachte, und eine natürliche Eingebung führte mich zur Südseite der Pyramide. Ich untersuchte jeden Teil, ja beinahe jeden Stein. An der Westseite fuhr ich damit fort – schließlich war ich bei der Nordseite angelangt. Hier schien mir manches anders auszusehen als an den anderen Seiten ...

An der Pyramiden-Nordseite fielen mir drei Anomalien auf, die mich veranlaßten, dort nach dem Eingang zu suchen ... [Nachdem er bedeutende Mengen von Schutt beiseitegeräumt und einen falschen Eingang gefunden hatte, lokalisierte Belzoni schließlich doch den von Granitblöcken umgebenen richtigen Eingang zur Pyramide]. Meine Erwartungen und Hoffnungen wuchsen, denn allem Anschein nach mußte sich dies hier als das Ziel meiner Suche erweisen. Ich irrte mich nicht, denn am Mittag des nächsten Tages, des 2. März [1818], kamen wir endlich zum richtigen Eingang der Pyramide ... Nachdem wir die Außenfront der drei Steine freigeräumt hatten, erwies sich der Eingang als eine vier Fuß hohe sowie drei Fuß und sechs Zoll breite Passage aus großen Granitblöcken, die in einem Winkel von 26 Grad 104 Fuß und 5 Zoll nach der Pyramidenmitte hin abfiel [Schwierigkeiten ergaben sich bei der Freilegung der abschüssigen Passagen sowie beim Anheben einiger massiver Granit-Fallsteine, die man in ihre Lagerungen an der Gangdecke zurückbeförderte. Schließlich gelangte Belzoni an das Ende der Gänge].

Ich erreichte die Tür im Zentrum einer großen Kammer. Langsam tat ich ein oder zwei Schritte und hielt dann inne, um mir zu vergegenwärtigen, wo ich war. Was und wie auch immer – mit Sicherheit wußte ich mich im Innern dieser Pyramide, die seit unvorstellbaren Zeiten, im Altertum ebenso wie in neuerer Zeit, Gegenstand obskurer Mutmaßungen Hunderter von Reisender gewesen war. Meine aus ein paar Wachskerzen geformte Fackel gab nur schwaches Licht, doch konnte ich deutlich das Wesentliche erkennen. Selbstverständlich suchten meine Blicke zuerst den Sarkophag, den ich sehr stark an der gleichen Stelle vermutete wie in den anderen Pyramiden, im Westen, doch zu meiner Enttäuschung bemerkte ich dort nichts dergleichen. Die Kammer hat eine bemalte Decke, und viele Steine waren – vermutlich von Schatzsuchern – von ihren ursprünglichen Plätzen entfernt worden. Als ich weiter nach Westen hin vordrang, war ich angenehm überrascht, dort einen in den Boden eingelassenen Sarkophag vorzufinden.

Nun war auch der Cavaliere Frediani ins Innere gekommen, und wir nahmen eine allgemeine Untersuchung der Kammer vor ... Sie besteht aus massivem Felsgestein, vom Boden bis zur Decke. Die Decke wurde aus großen Blöcken kalkigen Gesteins geschaffen, die in der Mitte aneinanderlehnen. Sie bilden so ein Dach, das ebenso geböscht ist wie die Pyramide selbst. Der Sarkophag ist 8 Fuß lang ... Mächtige Granitblöcke umgeben ihn. Sie sollen offensichtlich verhindern, daß man ihn entfernt, und tatsächlich ließe sich dies nur mit größter Mühe bewerkstelligen. Der Deckel ist an der Seite zerbrochen, so daß der Sarkophag halb offen stand [heute liegt dieser Deckel in der Nähe der Sarkophag-Wanne auf dem Boden]. Er besteht aus feinstem Granit, doch wie bei dem anderen in der ersten Pyramide befindet sich nicht eine einzige Hieroglyphe auf ihm.«

Giovanni Belzoni: *Narrative* (1820).

10 Edward Lane: *Zweite Pyramide von Giza* (Gizeh) *vom Gipfel der Großen Pyramide aus gesehen (Camera Lucida*-Zeichnung, um 1826/1827*)*.

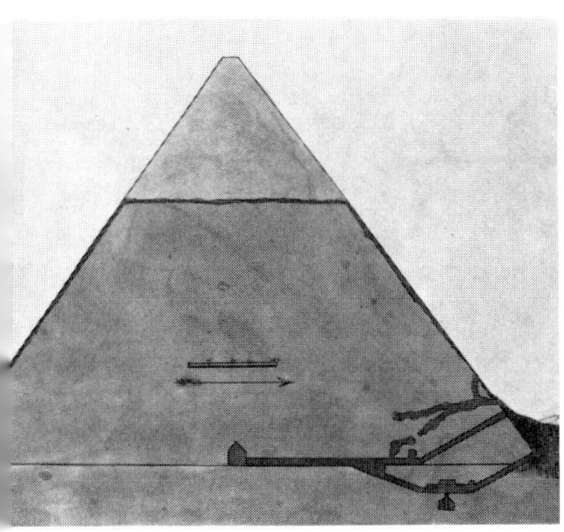

9 und 11 *Nebenstehend und oben:* Giovanni Belzoni: *Große Kammer in der zweiten Pyramide von Ghizeh* und *Aufriß der Pyramide,* 1818, aus: *Narrative* (1820).

Wie er in Ägypten wiederholt unter Beweis stellte, hatte Belzoni einen guten Blick für Anhaltspunkte, die bei Bauwerken auf nachträgliches Eingreifen von fremder Hand schließen ließen. Auf Edward Lanes Zeichnung der Pyramide Chephrens (bzw. Chawefrês) erkennt man deutlich die drei Eintiefungen, die Belzoni an der Nordseite (der richtigen Eingangs-Seite) der Pyramide auffielen, desgleichen die an der Pyramidenspitze noch vorhandene äußere Verkleidung. In seinem Aufriß zeigt Belzoni einen unregelmäßigen Stollen. Dieser geht auf einen erfolglosen Versuch von Grabräubern zurück, durch die Gesteinsmassen ins Pyramideninnere vorzustoßen. Belzoni drang durch den oberen Gang ein (und hinterließ seinen Namen auf der Platte oberhalb der Eingangsöffnung). Auch auf den unteren Gang stieß er im Pyramideninnern, doch die vor dessen Öffnung liegenden Schuttmassen hinderten ihn daran, im gepflasterten Boden rings um das Bauwerk seinen Eingang zu finden. Heute betreten Touristen die Pyramide durch diesen unteren Gang und verlassen sie durch ›Belzonis‹ oberen. Die Grabkammer, in die wir Belzoni eintreten sehen (und in der er gleichfalls seinen Namen hinterließ), liegt genau unter der Pyramidenspitze auf der Mittelachse des Bauwerks. Zur Erinnerung an Belzonis Erfolg gaben Freunde und Bewunderer in Großbritannien eine Bronzemedaille in Auftrag (vgl. Seite 42).

»Belzonis Kammer. Am jenseitigen Ende ein leerer Sarkophag . . . Unter Belzonis Namen, und nicht kleiner als dieser, der eines Monsieur Just de Chasseloup-Laubat. Die Zahl der [an die Wände gekritzelten] Namen irgendwelcher Idioten macht einen ganz konfus: Oben auf der Pyramide erblickt man in schwarzen Lettern den eines gewissen Buffard, 79 Rue Saint-Martin, seines Zeichens Tapeten-Fabrikant . . .«
Gustave Flaubert: Reisenotizen, 8. Dezember 1849.

Der Sphinx

Vgl. auch Farbtafel I

»Ich hatte gerade Zeit, die Sphinx zu sehen, die mit sehr viel größerer Gewissenhaftigkeit und Sorgfalt gezeichnet werden müßte, als man je auf sie verwandte. Trotz ihrer kolossalen Größenverhältnisse ist ihr Umriß klar und voller Anmut, der Gesichtsausdruck mild, graziös und ruhig. Ihrem Charakter nach ist sie afrikanisch, doch der Mund mit seinen aufgeworfenen Lippen ist in seiner Weichheit und der Eleganz seiner Ausführung wahrhaft bewundernswert. Er scheint aus echtem Fleisch und Blut zu bestehen. Die Kunst muß einen sehr hohen Stand erreicht haben, als dieses Bildwerk entstand, denn wenn dem Kopf auch fehlt, was man *Stil* nennt, nämlich jene klaren und kräftigen Linien, die den Gestalten ihren Ausdruck verleihen, unter denen sich die Griechen ihre Götter vorstellten, verdient doch die edle Einfalt und naturhafte Eigenart, die in dieser Figur Ausdruck findet, gebührende Würdigung.«

Vivant Denon: *Voyage* (1802).

12 Vivant Denon: *Vermessung des Großen Sphinx bei Giza* (Gizeh), 1798, aus: *Voyage* (1802).

Die (bzw. als Ausdruck der Herrschermacht des altägyptischen Königs: der) Große Sphinx gehört zum Grabkomplex des Chephren (Chawefrê). Heute erneut vollständig freigelegt, hatte er immer wieder unter angewehtem Wüstensand zu ›leiden‹, der ihn zu verschütten drohte. Eine Stelle zwischen seinen Tatzen berichtet, wie der junge Prinz Thutmosis (nachmals König Thutmosis IV., 1400–1390 v. Chr.) den Sand wegräumte, weil ihn ein Traum, den er im Schatten des Riesenbildwerkes träumte, dies geheißen hatte. Als Gegenleistung versprach der Sphinx ihm die Krone Ägyptens – offensichtlich ein besonders raffinierter Propagandatrick, um dem vielleicht nur schwachen Thronanspruch eines jüngeren Prinzen nachzuhelfen.

Die Pyramide des Mykerinos

»Während die Leute ihr Essen einnahmen, untersuchte ich sorgfältig die dritte Pyramide, und das Resultat bestätigte meine Auffassung, was die Position des Eingangs betraf ... Sobald sie [die Arbeiter] entlassen waren, kehrten Mr. Andrews und ich voller Erwartung zu dem rätselhaften Eingang zurück, ungeduldig zu untersuchen, was die Neugier sämtlicher Forscher erweckt und sich doch bisher allen Nachforschungen entzogen hatte und worüber unseres Wissens keinerlei Tradition aus alter oder neuer Zeit Aufschluß gibt [der Gang erwies sich als viel stärker blockiert, als Oberst Vyse vorausgeahnt hatte. Es dauerte zwei weitere Tage, bis sie eine Vorkammer erreichten, an deren Ende eine zuvor verdeckte Passage sie zur Grabkammer führte].

... Wie man annimmt, befand sich der Sarkophag ursprünglich in der Mitte der Kammer, was auch nach seinen Größenverhältnissen zu erwarten war, doch man hatte ihn von dort entfernt, so daß er schließlich in der dargestellten Position gefunden wurde. Er war vollkommen leer und bestand aus Basalt mit einer dünnen braunen Politur. Wo jedoch Stücke abgesplittert waren, bzw. an Bruchstellen, war er blau ... Reliefierung gliederte seine Oberfläche auf angenehme Weise in Einzelelemente ... Als schließlich der große Raum freigelegt war, kam neben dem Eingang des zur Grabkammer hinabführenden Ganges auch der größere Teil des Sarkophagdeckels zum Vorschein, daneben auf einem Steinblock Deckelfragmente eines Mumiensarges (mit Hieroglyphen, darunter dem Namen Menkawrês) sowie Teile eines Skeletts ... Es scheint mithin, daß man ,da der Sarkophag nicht entfernt werden konnte, den hölzernen Mumiensarg, der den Leichnam enthielt, in den großen Raum gebracht hatte, um ihn zu untersuchen.«

Oberst Howard Vyse: *Operations carried on at the Pyramids of Gizeh in 1817,* Bd. 2 (1840).

Der Basaltsarkophag des Mykerinos (bzw. Menkawrê) war der einzige dekorierte Sarkophag aus den drei Pyramiden von Gizeh. Er trug das Zeichen der Palastfassade (serech), *ein im Alten Reich anzutreffendes Symbol. Der menschengestaltige hölzerne Sargdeckel ist in Wahrheit auf eine Restauration der Königsbestattung zurückzuführen, die man wohl der Saïtenzeit (XXVI. Dynastie, 664–525 v. Chr.) zuzuschreiben hat. Auch bei dem Sarkophag kann es sich um eine spätzeitliche Arbeit handeln, die lediglich – wie unter den Saïten sehr beliebt – ältere Stilformen nachahmte.*

Oberst Vyse entschied: »Da der Sarkophag, wäre er in der Pyramide verblieben, zerstört worden wäre, beschloß ich, ihn dem Britischen Museum zu schenken.« Glücklicherweise verlud man ihn und den Sargdeckel auf verschiedene Schiffe. Das Schiff nämlich, das den Sarkophag trug, sank vor Livorno. Vor ein paar Jahren versuchten Amerikaner, das Wrack zu orten und zu bergen, doch leider vergeblich, denn es liegt in sehr tiefem Gewässer auf Grund. Der Sargdeckel dagegen erreichte London unversehrt und war bis vor kurzem im Britischen Museum ausgestellt, befindet sich zur Zeit aber im Magazin.

13 Edward J. Andrews: *Grabkammer des Mykerinus* (Mykerinos) *in der Dritten Pyramide von Giza* (Gizeh), 1837, aus H. Vyse und J. S. Perring: *Operations carried on at the Pyramids of Gizeh* (1840–1842).

Mastaben hoher Beamter

Verwandte des Königs und andere Inhaber hoher Ämter bei Hofe bestattete man in Gräbern, die heute – nach ihrem bankartigen Aussehen – mit dem arabischen Wort mastaba *(= ›Bank‹) bezeichnet werden und rings um die Pyramiden (vgl. Farbtafel VIII) regelrechte ›Straßenzüge‹ bilden. Aus diesen Gräbern von Edelleuten der IV. Dynastie stammen einige der schönsten Statuen und Wandbilder des Alten Reiches, die man ganz besonders in Kairo, Boston sowie in der Sammlung Pelizaeus des Hildesheimer Roemer-Pelizaeus-Museums findet.*

»Davon [d. h.: von den in Gizeh gefundenen Gräbern] gehören nur wenige in spätere Zeit; fast alle sind während oder kurz nach der Errichtung der großen Pyramiden erbaut, und bieten uns daher eine unschätzbare Reihe von Daten für die Kenntniß der ältesten bestimmbaren Civilisation des Menschengeschlechtes dar ... Die Malerei auf dem feinsten Kalküberzug ist oft über alle Erwartung schön, und zuweilen frisch wie von gestern und vollständig erhalten. Die Darstellungen an den Wänden enthalten größtenteils Scenen aus dem Leben der Verstorbenen und scheinen vorzüglich dazu bestimmt, den Reichthum derselben an Vieh, Fischen, Barken, Jagden, Dienern u. s. f. dem Besucher vor Augen zu führen. Dadurch werden wir mit allen Einzelheiten ihres Privatlebens vertraut. Die zahlreichen Inschriften beschreiben oder benennen diese Scenen, oder sie führen die oft weit verzweigte Familie des Verstorbenen und alle seine Titel und Aemter auf, so daß ich fast einen Hof- und Staats-Kalender des Königs Cheops oder Chephren schreiben könnte.«

Richard Lepsius am 2. Januar 1843 (*Briefe aus Aegypten, Aethiopien und der Halbinsel des Sinai,* 1852, Seiten 23–24).

14 Luigi Mayer: *Unterirdische Kammer nahe den Pyramiden von Geeza,* aus: *Views in Egypt,* 1804.

Oberägypten

Farbtafeln IX–XII

IX. David Roberts: *Eingang zu den Höhlen von Beni Hassan*, aus: *Egypt and Nubia* (1846–1850).

Die aus dem Felsen gehauenen Kapellen und Gräber der Gaufürsten – lokaler Machthaber – des Gazellengaus aus der XI.–XII. Dynastie (Mittleres Reich, 2134/33–1785/84 v. Chr.) sind besonders durch ihre lebensvollen Wandmalereien sowie ihre kannelierten Säulen bekannt, die sich außerordentlich ›protodorisch‹ ausnehmen (vgl. auch Abb. 21).

X. David Roberts: *Dendera, 7. Dezember 1838*, aus: *Egypt and Nubia* (1846–1850).

Zu Dendera s. auch Seite 97–101

»Nicht ohne eine Art Schock steht man erstmals der schrecklichen Verwüstung dieser hathorköpfigen Säulen an der Fassade von Dendera gegenüber. Die schweren Haarflechten des Kopfputzes sind noch da, da sind auch noch die wie bei einer Färse aufgerichteten, gespitzten Ohren, doch von den gütigen Zügen des Göttinnenantlitzes ist schlechterdings nichts mehr zu sehen.«

Amelia B. Edwards: *A Thousand Miles up the Nile* (1877).

XI. David Roberts: *Ruinen von Karnak*, aus: *Egypt and Nubia* (1846–1850).

Der große Amuns-Tempelkomplex, vom Chons-Tempel (Abb. 35) aus gesehen (Blick nach Norden). Links ragt der riesige Pylon aus der Ptolemäerzeit an der dem Nil zugewandten Tempelseite empor. Dahinter erblickt man im ersten Hof die Säule des Taharqa, gefolgt vom Großen Säulensaal sowie vom Obelisken Thutmosis' I. und dem der Königin Hatschepsut. Ganz rechts ein kleinerer Pylon aus der Ptolemäerzeit sowie der Heilige See. Die Achsenlänge des Gebäudekomplexes beträgt 500 Meter.

XII. David Roberts: *Gesamtansicht der Ruinen von Luxor vom Nil aus, 1838*, aus: *Egypt and Nubia* (1846–1850).

Zu Luxor siehe auch Seite 108–109

»Luxor, das ansehnlichste Dorf in der dortigen Gegend, steht gleichfalls an der Ruinenstätte eines alten Tempels. Er ist zwar nicht so groß wie der Tempel von Karnak, befindet sich aber in besserem Erhaltungszustand, da seine Massen noch nicht infolge der Zeit und der Last ihres eigenen Gewichtes zusammengestürzt sind. Der kolossalste Teil besteht aus 14 Säulen von annähernd 11 Fuß Durchmesser.«

Vivant Denon: *Voyage* (1802).

»Die lange Mauer und das Gebäude, die die beiden Säulengruppen miteinander verbinden, sind ein Getreidemagazin . . . des Paschas, und bei dem Bauwerk, das man hinter den Propyla erblickt, handelt es sich um das Minarett einer Moschee. Unter den Säulen sowie im Tempel und um ihn herum befinden sich die Hütten und Häuser der Fellachen und anderer Ortsbewohner. Auf dem Nil sieht man Boote. Sie brachten zu dieser Stätte der Verwüstung Reisende aus einem Lande, das vermutlich noch gar nicht bewohnt war, als diese Tempel schon jahrhundertelang in Trümmern lagen . . .«

William Brockedon, Anmerkungen zu David Roberts: *Egypt and Nubia* (Ausgabe von 1855–1856).

IX

X

XI

XII ▷

XIII

XIV

XV

Farbtafeln XIII–XV

XIII. David Roberts: *Die Kette der Libyschen Berge vom Tempel in Luxor aus,* aus: *Egypt and Nubia* (1846–1850).

Diesen Anblick genießt man, wenn man den von Amenophis III. erbauten Säulengang ersteigt (erst im März 1981 brachte die epigraphische Expedition des Chikagoer Orient-Institutes, die im Tempelbereich arbeitete, genügend Leitern zusammen, so daß man es Roberts kleiner Besuchergruppe, links im Bilde, nachtun konnte). Jenseits des Nils, am Westufer des Stromes, erblickt man – von links nach rechts – Medinet Habu, die Memnonskolosse, das Ramesseum sowie, ganz rechts, Qurna. Von dort windet sich der Weg bergan in das Tal der Könige, das hinter dem ersten Höhenzug und unter der das Massiv im Hintergrund beherrschenden, auch als Lady of the Peak *bekannten ›Westspitze‹* (el-Qurn) *liegt (vgl. Tafel XIX).*

XIV. David Roberts: *Großes Portal zum Tempel von Luxor,* aus: *Egypt and Nubia* (1846–1850).

»Wie herrlich, wie großartig muß es gewesen sein, sich Luxor zu nähern, als diese Obelisken vor den Kolossalstatuen Ramses' II. standen, je einer an jeder Seite des Zugangs zu diesen gewaltigen, mit Skulpturen und Malereien bedeckten Pylonen, durch die man den Tempel betrat!«
William Brockedon: Anmerkungen zu David Roberts: *Egypt and Nubia* (Ausgabe von 1855–1856).

». . . die Häuser stehen auf, in oder an den Ruinen. [Sie] sind mitten zwischen Säulenkapitellen erbaut. Hühner und Tauben sitzen und nisten auf riesigen Lotusblättern. Mauern aus kahlen Ziegeln oder Stampflehm bilden die Trennwände zwischen den Häusern, Hunde rennen bellend zwischen den Mauern umher. So tummelt sich hier das Leben einer kleinkarierten Welt zwischen den Trümmern eines bei weitem glanzvolleren Daseins . . . Der Sims der Pylone ist schwer beschädigt. Nur der Teil an der Tor-Innenseite ist erhalten. Beiderseits des Tores zwei bis zur Brust verschüttete Kolossalfiguren . . . Der Obelisk befindet sich in hervorragendem Erhaltungszustand und erhebt sich vor dem Pylonen zur linken Hand. Ganz oben von seiner Spitze herab bedeckt ihn weißer Vogelkot . . . Am rechten Pylon stand der Obelisk, der sich heute in Paris befindet. Wie muß er sich auf seinem Piedestal auf der Place de la Concorde langweilen!«
Gustave Flaubert: Reisenotizen (30. April 1850).

Abb. 39 zeigt noch beide Obelisken an ihrem ursprünglichen Platz. Bei dem kleinen Kuppelbau handelt es sich um die Moschee des Abu'l Haggag.

XV. David Roberts: *Dayr el Medeeneh* [Deir el-Medine], *Theben,* aus: *Egypt and Nubia* (1846–1850).

»Dieser kleine, nur 60 mal 30 Fuß [18 mal 9 Meter] im Geviert messende, doch sehr schöne Tempel liegt in einem abgelegenen Tal unmittelbar hinter dem Palasttempel von Medinet-Abou und diente einst . . . als christliche Kirche. Den Portikus tragen zwei Säulen mit Lotuskapitellen sowie an beiden Seiten zwei quadratisch zugeschnittene Säulen unmittelbar an der Wand. Sie tragen Köpfe der Isis oder Athor [Hathor].«
William Brockedon: Anmerkung zu David Roberts (Ausgabe von 1855/1856).

Der winzige ptolemäische Tempel von Deir el-Medine liegt unmittelbar oberhalb der gleichnamigen altägyptischen Nekropolenarbeiter-Siedlung. Im Grunde wohl Tempel für die hier lebenden Nekropolenarbeiter, war er Hathor geweiht, die in Theben auch den Charakter einer Nekropolengöttin angenommen hatte, desgleichen Maat, der Göttin der gerechten Weltordnung. Überdies war er passenderweise auch zwei großen altägyptischen Architekten geweiht, die lange nach ihrem Tode in den Rang von Göttern erhoben wurden: Imhotep (III. Dynastie) und Amenophis dem ›Weisen‹ (Amenophis Sohn des Hapu, XVIII. Dynastie). Beide sind – ein sehr seltener Fall – auf den Tempelreliefs abgebildet.

Memphis

»Und wir befinden uns abermals inmitten der Palmenwälder . . . und im nächsten Augenblick versammeln wir uns alle rings um den Rand eines schmutzigen Pfuhles, in dessen Mitte ein formloser Block geschwärzten und verwitterten Kalksteins liegt. Dies, so scheint es, ist der berühmte gestürzte Koloß Ramses' des Großen . . . hier liegt er nun mit dem Gesicht am Boden, Jahr für Jahr vom Nil überflutet, sichtbar nur, wenn die von der Überschwemmung zurückgebliebenen Wasserpfützen verdunstet und all die schmutzigen Schlammlöcher ausgetrocknet sind. Es ist einer von zwei [Kolossen], die am Eingang des großen Ptah-Tempels standen, und wer immer sich in die Senke hinabbegab und ihn in der trockenen Jahreszeit von unten betrachtete, schilderte ihn als edles und sehr schönes Beispiel ägyptischer Kunst aus ihrer besten Periode. Wo aber befindet sich der zweite Koloß? Wo der Tempel selbst? Wo sind die Pylone, Obelisken und Sphinxalleen? Wo, kurz gesagt, ist Memphis?«
Amelia B. Edwards: *A Thousand Miles up the Nile* (1877).

15 Edward Lear: *Koloß Ramses' II. in Memphis,* 15. März 1867.

16 Dutertre: *Französische Gelehrte vermessen die Faust einer Statue Ramses' II. in Memphis, 1798,* aus der *Description de l'Égypte* (das betr. Skulpturfragment befindet sich heute im Britischen Museum, London).

Das Gebiet von Memphis, der ersten Hauptstadt Gesamtägyptens, leidet noch immer unter einem hohen Grundwasserspiegel, doch der schöne, aus kristallinem Kalkgestein bestehende Koloß Ramses' II. (1279–1213), ruht heute, auf dem Rücken liegend, in einem eigens für ihn entworfenen Pavillon. 1820 von Caviglia und Sloane entdeckt, wurde er von Mohammed Ali den Briten geschenkt und schließlich von General Sir Frederick Stephenson gehoben. Wallis Budge berichtet in By Nile and Tigris, *Bd. 1, wie das Standbild in den neunziger Jahren des 19. Jahrhunderts ›ausgetauscht‹ wurde! Die öffentliche Meinung, so erklärte man ihm, ließe es nicht zu, daß der Koloß Ägypten verließe. Daher ging statt seiner ein dem Horus von Philai geweihter Kultschrein, den Budge auf Philai gefunden hatte, nach England. Lear skizzierte die Statue während der Trockenzeit und placierte einen Fellachen an ihr Kopfende, um die überwältigende Größe zu verdeutlichen.*

Saqqâra
Die Stufenpyramide

»Was die Plattformpyramide angeht (die die größte in Sakkarah und die nächstgrößte nach der Chephrenpyramide ist), so ist ihre Lage so schön, ihr Architekturstil so außergewöhnlich und ihr Alter so unermeßlich, daß man ganz und gar den Blick für diese Fragen der relativen Größe verliert. Falls die Ägyptologen recht haben, wenn sie den in Hieroglyphenschrift an der inneren Tür dieser Pyramide angebrachten Königstitel Ouenephes [Uënephes], dem vierten König der ersten Dynastie, zuschreiben, dann ist sie das älteste Bauwerk der Welt. Sie stand schon fünf- bis siebenhundert Jahre, als König Cheops seine Große Pyramide in Geezeh (Gizeh) begann, und war mehr als 2000 Jahre alt, als Abraham geboren wurde. Nach Manetho und Mariette ist sie heute etwa 6800 Jahre alt, nach Bunsens Berechnung etwa 4800. Uns schwindelt beim bloßen Gedanken an derartige Zeiträume.«

Amelia B. Edwards: *A Thousend Miles up the Nile* (1877).

Seltsamerweise nahmen Denon und Lepsius von der Stufenpyramide in Saqqâra kaum Notiz, obwohl Lepsius eine gewisse Zeit lang bei ihr Lager bezog. Sie war nicht *für den Horus Wadji erbaut, den 4. Herrscher der I. Dynastie, der in den Königslisten Itj (bzw. Athotis III.) sowie bei Manetho Uënephes heißt und von 2910–2900 oder 2880–2870 v. Chr. regiert haben dürfte. Vielmehr errichtete man sie für den Horus Netjrichêt Djoser, den 2. König der III. Dynastie, der wohl von 2650–2630 bzw. 2635–2615 oder 2620–2600 v. Chr. herrschte. Ihr eigentlicher Erbauer war Djosers Architekt und Arzt, der Oberpriester Imhotep, den man später wegen seiner Weisheit, Heilkunst und seiner Taten als Baumeister unter die Götter erhob. Obwohl Amelia Edwards sich irrte, was ihre Zeitangaben und die Persönlichkeit des Herrschers anging, dem sie die Pyramide zuwies (heute, rund 100 Jahre später, wissen wir halt etwas mehr darüber), hat sie doch recht, wenn sie dieses Bauwerk als den ältesten monumentalen Steinbau der Welt bezeichnet. Ein jüngst erhobenes ^{14}C-Datum für das Megalithgrab von Maes Howe auf den Orkney-Inseln ergab für dieses einen etwas früheren Ansatz, doch was architektonische Raffinesse angeht, so ist Djosers riesiger Grabkomplex zweifelsohne der älteste und erste seiner Art. Um die Mitte des 19. Jahrhunderts war der größte Teil der zu ihm gehörenden Bauten rings um die Stufenpyramide noch unter Sandmassen begraben.*

17 J. Frey: *Stufenpyramide, Sakkara* (Saqqâra), 1842 bis 1844, aus R. Lepsius: *Denkmäler* (1849–1859).

Meidum
(Mêdûm)

»Die erste Reise brachte mich der Pyramide von Meidum nahe, die ich schon von weitem gesehen hatte. Ich war nun nicht mehr als eine halbe Wegstunde von ihr entfernt, doch noch durch den Josephskanal sowie einen kleineren künstlichen Wasserlauf von ihr getrennt, und ein Boot hatten wir nicht. Aber mit Hilfe eines ausgezeichneten Fernrohrs und denkbar klaren Wetters konnte ich sie beobachten, als wäre sie zum Greifen nahe ... als wir uns vom Dorf Meidum nach Sapht begaben, hatte ich Gelegenheit, drei Seiten der Pyramide zu betrachten, und mir scheint, daß man an der Nordseite eine Öffnung anzubringen versucht hat. Der mit Treibsand bedeckte Schutt reicht bis zu dieser Öffnung empor und begräbt alles bis auf die Ecken der ersten Stufe. Der Steilanstieg beginnt mit der dritten Stufe, von der etwa noch ein Drittel ansteht. Die Gesamthöhe dessen, was von dieser Pyramide noch verblieben ist, dürfte sich auf ungefähr 200 Fuß belaufen.«
Vivant Denon: *Voyage* (1802).

Die sogenannte ›Falsche Pyramide‹ (el-Haram el-Kaddâd) *von Meidum, gewöhnlich Hu(ni), bzw. Ahu (um 2625–2600 oder 2595–2570 v. Chr.), dem letzten Herrscher der III. Dynastie, oder seinem Nachfolger S(e)nofru (um 2600–2575 oder 2570–2545 v. Chr.), dem ersten König der IV. Dynastie, zugeschrieben, ist die seltsamste und rätselhafteste aller Pyramiden Ägyptens. Sie wurde von mehreren Expeditionen teilweise ausgegraben, aber immer noch sind sich die Gelehrten nicht völlig einig, worauf ihre sonderbare Form zurückzuführen ist. Wie es scheint, muß sie bereits vor 1000 v. Chr. (vielleicht sogar schon während des Baues) eingestürzt sein. Obwohl in den Gräbern der Umgebung kaum Ausgrabungen durchgeführt wurden, stammen aus ihnen doch einige der bekanntesten Meisterwerke altägyptischer Kunst (sie befinden sich heute im Museum zu Kairo): die Doppel-Sitzstatue(n) des Prinzen Rahotep und seiner Gemahlin Nofret sowie der berühmte ›Gänsefries‹.*

18 Ernst Weidenbach: *Meydum* (Meidûm/Mêdûm), *Pyramide von Nordwesten,* 1842–1844. Aus R. Lepsius: *Denkmäler* (1849–1859).

Das Fayum

(Faijûm)

»Vom Labyrinthe gehen Ihnen [am 25. Juni 1843] diese Zeilen zu ... Noch ist ein mächtiger Knäuel von Kammern übrig, und inmitten liegt der große Platz, wo die Aulen standen, mit Resten großer monolither Granitsäulen und andrer aus weißem, hartem, fast wie Marmor schimmerndem Kalkstein bedeckt ...
... Wo die französische Expedition vergebens nach Kammern gesucht hatte, finden wir deren buchstäblich sogleich hunderte ... von Säulchen gestützt, mit Schwellen und Wandnischen, mit Säulenresten und einzelnen Bekleidungssteinen, durch Korridore verbunden, ohne Regelmäßigkeit der Ein- und Ausgänge, so daß die Beschreibung von Herodot und Strabo in dieser Beziehung vollkommen gerechtfertigt ist. Zugleich aber wird auch die von mir nie getheilte Meinung, die sich mit keiner architektonischen Anschauung verträgt, von *geschlängelten* [in Lepsius' Originaltext gesperrt] höhlenartigen Windungen statt viereckiger Zimmer, entschieden widerlegt ...... Die Fragmente der mächtigen Säulen und Architrave, die wir auf dem großen Platz der Aulen ausgegraben haben, zeigen uns die Namensschilder [Kartuschen] des sechsten Königs eben dieser zwölften Dynastie, Amenemha III. [Amenemhet III.]. Hiermit ist diese wichtige Frage ihrem historischen Theile nach beantwortet. Wir haben auch auf der Nordseite der Pyramide Ausgrabungen gemacht, weil hier der Eingang in dieselbe zu vermuthen ist. Noch ist er aber nicht gefunden.«

Richard Lepsius: *Briefe aus Aegypten, Aethiopien und der Halbinsel des Sinai* (1852), Seiten 74–76.

Die ausgedehnten Baulichkeiten neben der Pyramide von Hawara, die durch ihre Größe ebenso wie durch die großzügige Verwendung von Steinen die Autoren der Klassischen Antike dermaßen in Erstaunen versetzten, gehörten zum Grabkomplex Amenemhets III. (1842–1798/95 v. Chr.), des 6. Königs der XII. Dynastie. Sein Totentempel war der größte, den es je gab, größer als die Tempel von Karnak und Luxor zusammen. Kein Wunder, daß er im Altertum solches Aufsehen erregte. Den Pyramideneingang fand schließlich Petrie, als er 1889/90 in Hawara grub. Er drang als erster in die Grabkammer ein.

Einige der von den Franzosen festgehaltenen Monumente mußten unter höchst ungünstigen Bedingungen gezeichnet werden, hatten die savants *doch – und dies gilt insbesondere für Denon – mit der Kavallerie Schritt zu halten. Bisweilen war es unumgänglich, einen Tempel, nachdem man das Biwak (Lager) für die Nacht aufgeschlagen hatte, nach Einbruch der Dunkelheit bei Fackelschein zu besichtigen wie den hier abgebildeten aus dem Faijûm. Captain Head äußerte sogar, dies sei die beste Art, die Tempel Thebens zu besichtigen (vgl. Seite 128), und in der Tat ist Karnak bei Mondlicht ein verwunschener Ort, und Qurna nimmt sich – nach Sonnenuntergang von den Pylonen in Medinet Habu aus betrachtet – wie eine Szenerie aus einer anderen Welt aus. Die heute üblichen Licht-Ton-Vorführungen* (Son et Lumière-*Vorführungen) in Karnak erwecken eine Märchenwelt zum Leben, doch die Stille eines nachtdunklen, nur von Mond und Sternen erhellten Tempels ist mit nichts anderem zu vergleichen.*

20 Oben: Ernst Weidenbach: *Fayuum* (Faijûm), *Labyrinth and Pyramide,* 1842–1844, aus R. Lepsius: *Denkmäler* (1849–1859).

19 *Nebenstehend:* E. F. Jomard: *Ägyptischer Tempel am Ostufer des Birket Fayuum* (Birket Faijûm) – *nächtliche Besichtigung bei Fackelschein,* 1798 (aus der *Description de l'Égypte*).

Beni Has(s)an

Vgl. auch Farbtafel IX.

»Es ist zu verwundern, wie wenig Champollion auf die Monumente des alten Reiches geachtet zu haben scheint. Auf seiner ganzen Reise durch Mittelägypten bis nach Dendera fand er nur die Felsengräber von Benihassan bemerkenswerth, und auch diese galten ihm noch für Werke der sechzehnten und siebzehnten Dynastie, also des neuen Reiches [so Lepsius' Originalwortlaut; nach heutigen Begriffen beginnt das Neue Reich allerdings erst mit der XVIII. Dynastie. Die XVI. und XVII. Dynastie dagegen zählt man noch zur Zeit der Hyksosherrschaft (2. Zwischenzeit)] . . . Es muß damals eine glanzvolle Periode für Aegypten gewesen sein, dafür sprechen schon allein die großartigen Grabeshallen.«

Richard Lepsius am 20. November 1843 *(Briefe aus Aegypten, Aethiopien und der Halbinsel des Sinai,* 1852, Seite 96f.).

Die Felsengräber von Beni Has(s)an riefen großes Interesse wach. Lepsius erkannte, daß sie aus dem Mittleren Reich stammten, und auch die Unklarheit entgeht ihm nicht, die bei anderen Besuchern hinsichtlich der wohl berühmtesten unter den dortigen Malereien bestand – des Asiatenzuges im Grabe des Chnumhotpe (bei Lepsius Nehera-si-Numhotep): »Champollion hielt sie für Griechen, als er in Benihassan war; er wußte damals nicht, wie alt die Monumente waren, die er vor sich hatte; Wilkinson hält sie für Gefangene; dem widerspricht ihr Erscheinen mit Waffen und Leier, mit Weibern, Kindern, Eseln und Gepäck; ich halte sie für eine einwandernde Hyksosfamilie, die um Aufnahme in dem gesegneten Lande bittet . . .« (Lepsius gleichfalls am 20. November 1843 [a.a.O. Seite 99]). Wahrscheinlich waren es die kannelierten Säulen in einigen dieser Gräber, die Champollion zu der Annahme verleiteten, er habe es mit Bauwerken aus der Griechenzeit zu tun.

Heute sind die Wandmalereien schwer beschädigt, und es fällt nicht leicht, die Semitenprozession sowie die Kampfszenen herauszufinden, die die Rückwände mehrerer Gräber – darunter auch des von Owen Jones gezeichneten – aufwiesen.

21 Owen Jones: *In einem Grab bei Beni Hasan,* 1832/33, aus: *Views on the Nile* (1843).

Antinoë/ Antinoupolis (Schech Ibada)

»Hielten kurz in Sheik Abadé [Schech Ibada], um die Ruinen von Antinoë zu untersuchen – die Lage der Stadt läßt sich, wenn auch mit einiger Schwierigkeit, anhand einer riesigen Erdreich-Anhäufung in ziemlich großem Umfange bestimmen. Sie scheint in 4 Teile gegliedert gewesen zu sein, dies durch zwei Hauptstraßen, die sich rechtwinklig im Stadtzentrum kreuzten, wo es wahrscheinlich 4 freistehende Säulen gab. Zwei davon stehen noch. Sie sind korinthisch mit glatten Schäften, ausgenommen unten, wo eine Reihe langer, schmaler Akanthusblätter sie bedecken. Auf schlecht proportionierten Piedestalen ruhend, deren jedes eine heute fast unlesbare griechische Inschrift trägt, zeugen sie von denkbar schlechtem Geschmack. Die bereits erwähnten Hauptstraßen waren beiderseits von Kolonnaden flankiert, und viele der Säulenschäfte sind noch erhalten.«

Charles Barry, Tagebuch, 25. Februar 1819.

»... dies alles [wirkt] traurig, grau, hoffnungslos in all dem Staub. Und doch gab es hier vor nur zwanzig Jahren noch zwei wohlerhaltene römische Tempel, einen vollständigen Portikus, einen so hohen Triumphbogen, daß Palmen ihre von Früchten schweren Wipfel an ihn lehnten, und die Marmorbecken in den Boden eingelassener Badeanlagen – die Monumentalbauten der Stadt waren praktisch intakt geblieben. Doch eines Tages beschloß Ibrahim Pascha, am gegenüberliegenden Nilufer bei Roda Zuckerraffinerien zu bauen. Er legte seine frevelnde Hand auf die römischen Bauwerke, riß diese nieder und verwendete die Steine für den Bau einer scheußlichen Fabrik.«

Maxime Du Camp: *Le Nil, Égypte et Nubie* (1852).

Antinoupolis bzw. Antinoë (oder Schech Ibada) war ein seltenes (und viel skizziertes) Beispiel einer kompletten Römerstadt in Ägypten. Kaiser Hadrian (117–138 n. Chr.) ließ sie zur Erinnerung an seinen Liebling Antinoos erbauen, der 130 n. Chr. unweit von hier im Nil ertrank (es heißt, er soll sich selbst in den Fluß gestürzt haben, um einen Orakelspruch zu erfüllen und den Kaiser vor Unheil zu bewahren). Außer einem Wirrwarr von Säulen und Granitblöcken ist heute von dieser Stadt nichts mehr übrig.

22 E. F. Jomard: *Ruinen von Antinoë* (Antinoupolis) *von Südwesten,* 1798 (aus der *Description de l'Égypte*).

23 Charles Barry: *Sheik Abadé* (Schech Ibada [Antinoë/Antinoupolis]), 1819.

Hermupolis magna

(Aschmunên)

»Als ich mich der Anhöhe näherte, auf der der Portikus von Hermopolis erbaut ist, erblickte ich am Horizont seinen Umriß und seine gigantischen Formen. Wir überquerten den Kanal von Abu-Assi und erreichten kurz darauf, nachdem uns unser Weg über Berge und durch Ruinen geführt hatte, dieses herrliche Baudenkmal, ein Überbleibsel aus frühester Vergangenheit.

Ich war entzückt, damit die erste Frucht meiner Mühen zu erblicken, denn von den Pyramiden abgesehen war dies das erste Monument, das mir einen Begriff von ägyptischer Bauweise vermittelte, die ersten Steine, die ich sah, die noch ihrer ursprünglichen Bestimmung dienten, ohne daß man sie durch späteres Bearbeiten verändert oder ihrer Form beraubt hatte. Viertausend Jahre waren sie unberührt geblieben, um mir einen Begriff von dem hohen Stand und der außerordentlichen Vollendung zu vermitteln, die die Künste in diesem Lande erreicht hatten ... Waren es die Ägypter, die eine so herrliche Kunst ersannen und zur Vollkommenheit entwickelten? Dies ist eine Frage, die ich nicht zu beantworten imstande bin, doch schon beim ersten flüchtigen Blick auf dieses Bauwerk können wir nur mit Nachdruck hervorheben, daß [selbst] die Griechen nie etwas Großartigeres erdacht oder geschaffen haben. Das einzige, was meinen Genuß trübte, war der Gedanke, dieses überwältigende Stück Vergangenheit schon so bald wieder verlassen zu müssen und daß es der Hand eines Meisters sowie vieler Muße bedurft hätte, um ihm mit dem Zeichenstift gerecht zu werden, während meine künstlerischen Fähigkeiten bescheiden und meine Zeit knapp bemessen waren. Allein, ich konnte nicht scheiden, ohne wenigstens diese Skizze zu versuchen, die ich meinen Lesern vorlege, die aber nur einen schwachen Begriff von dem Eindruck vermittelt, welchen dieses Wunderwerk der Baukunst hinterließ, und von der ich aufrichtig hoffe, daß ein künftiger Künstler in der Lage sein wird, sie unter günstigeren Begleitumständen zu vollenden.«

Vivant Denon: *Voyage* (1802).

24 Vivant Denon: *Der Tempel von Hermopolis* (Hermupolis magna/ Aschmunên), 1798, aus: *Voyage* (1802).

Aschmunên (Aschmunein), das altägyptische Chmunu *(›Stadt der Acht[heit]‹), war die heilige Stadt des ibisköpfigen Gottes der Wissenschaft und des Schreibens, Thot, sowie einer ihm zugeordneten Achtheit von Urwesen. Da die Griechen Thot mit ihrem eigenen*

Gotte Hermes (in dessen Eigenschaft als Patron des glücklichen Findens, Auslegens und Erklärens) gleichsetzten, gaben sie der Stadt den Namen ›Hermes-Stadt‹ (Hermupolis, *später auch* Hermopolis). *Heute erblickt man hier lediglich eine Reihe von Erdhügeln rings um die Reste einer christlichen Basilika. Bei dem Portikus des Thot-Tempels, der Denon so begeisterte, handelte es sich in Wirklichkeit um einen Bau, der in frühhellenistischer Zeit unter Philipp III. Arrhidaios (323–317 v. Chr.), dem Halbbruder und Nachfolger Alexanders des Großen, errichtet wurde. Nur drei Säulenbasen zeugen noch von seiner Existenz: 1822 wurde aus dem grandiosen Bau-Überrest Kalk gebrannt.*

Tuna el-Gebel

»Perring, der Pyramidenmesser, hat vor kurzem in einem Aufsatze die wunderliche Meinung, die mir aber auch hier in Cairo begegnete, ernstlich durchzuführen gesucht, daß die Monumente von El-Amarna von den Hyksos abstammten; Andere wollten sie gar ihrer allerdings auffallenden, aber nicht unerklärlichen Eigenthümlichkeiten wegen vor Menes hinaufschieben; ich hatte diesen [Lepsius meint Echnaton, den er Bech-en-Aten nennt] und andere verwandte Könige schon in Europa als Gegenkönige der achtzehnten Dynastie erkannt.«

Richard Lepsius am 20. November 1843 (*Briefe aus Aegypten, Aethiopien und der Halbinsel des Sinai,* 1852, Seite 101).

25 Grach: *Felsstele Echnatons von Tuna el-Gebel,* 1842–1844, aus R. Lepsius: *Denkmäler* (1849–1859).

Lepsius äußerte eine auf begründeten Überlegungen beruhende und der Wahrheit nahe Auffassung über die Denkmäler des ›Ketzerkönigs‹ Echnaton (1352–1336 v. Chr. [R. Krauß]) und ordnete Echnaton auch der richtigen Dynastie zu. Der amerikanische Ägyptologe James H. Breasted bemerkte einst, über die Amarnazeit sei mehr Tinte verspritzt worden als über die gesamte übrige Geschichte Altägyptens, und noch immer ruft Echnaton auch außerhalb der Fachwelt großes Interesse hervor. Bei der großen, in einen Felsen gehauenen Stele bei Tuna el-Gebel am westlichen Nilufer handelt es sich um eine der Grenzstelen, die das Gebiet von Achetaton, Echnatons neuer Hauptstadt, markierten. Datiert ist sie aus dem sechsten Jahr seiner Regierung. Das Relief zeigt Echnaton, seine Gemahlin Nofretete und zwei kleine Töchter bei der Anbetung der Sonnenscheibe. Links erkennt man fragmentarische Statuen der königlichen Familie.

Assiut
Asjût

»Siut ist eine große, stark bevölkerte Stadt, die aller Wahrscheinlichkeit nach an der Stelle von Lykopolis, der Stadt des Wolfes, erbaut wurde – warum des Wolfes, der doch ein Tier nördlicher Klimate ist und sich hier gar nicht findet? ... Keine Altertümer sind in dieser Stadt zu finden, doch die Kette der libyschen Randberge, an deren Fuß sie liegt, weist eine so riesige Zahl von Gräbern auf, daß die [heutige] Stadt ohne jeden Zweifel an der Stelle einer einst blühenden Großstadt steht. Wir trafen eine Stunde nach Mittag hier ein und verbrachten den Rest des Tages damit, für die Heeresverpflegung Vorsorge zu treffen ... Ich beeilte mich, die Randkette der libyschen Wüste aufzusuchen, konnte ich es doch kaum erwarten, meinen Finger auf einen der Berge Ägyptens zu legen ...
Die Felsen sind durch eine ungeheure Zahl von Gräbern unterschiedlicher Größenordnung ausgehöhlt, die mehr oder weniger großartige Dekoration aufweisen. Auch dies läßt keinen Zweifel zu, daß sich einst in ihrer Nähe eine bedeutende Stadt befand. Ich fertigte von einem der größten dieser Monumente eine Zeichnung an ... Alle inneren Hallen dieser Grotten sind mit Hieroglyphen bedeckt. Es würde Monate kosten, sie zu lesen, selbst wenn einem die Sprache bekannt wäre, und Jahre wären erforderlich, sie zu kopieren.«

Vivant Denon: *Voyage* (1802).

Assiut, aus altägyptisch sɔw.t *(›Wache‹, ›Wachtposten‹), war die Hauptstadt des 13. oberägyptischen Gaues, des ›vorderen Sykomorengaues‹. Seinen griechischen Namen* Lykopolis *oder* Lykonpolis *(›Wolfsstadt‹) verdankt es der hier verehrten, in Hundegestalt gedachten Gottheit* Upuaut (Wepwawet), *und tatsächlich setzte man seit der XVIII. Dynastie (Neues Reich) heilige Wölfe in einem Grab bei. Einige besonders lohnende Gräber aus dem Mittleren Reich fanden sich auf den Anhöhen am Rande der Westwüste außerhalb der Stadt. Ihre Inschriften waren zu Denons Zeit noch völlig unverständlich. Als Denon 1798 nach Ägypten kam, war Champollion, der nachmalige Hieroglyphenentzifferer, gerade erst acht Jahre alt, und es sollte noch fast ein Vierteljahrhundert (bis 1822) vergehen, bis Champollion seine Entdeckung bekanntgab.*

26 Dutertre: *Französisches Truppenkommando beim Einmarsch in Assiut, im Hintergrund die Eingänge von Felsgräbern in der Bergflanke,* 1798 (aus der *Description de l'Égypte).*

27 Cécile: *Eingang eines großen Grabes außerhalb von Assiut,* 1798 (aus der *Description de l'Égypte*).

Antaiupolis
(Antaeopolis)

Der von Ptolemaios IV. Philopator (222/221–205 v. Chr.) erbaute Tempel wurde später von den römischen Kaisern Mark Aurel (161–180 n. Chr.) und Lucius Verus (bis 169 n. Chr. Mitkaiser Mark Aurels) restauriert. Er war Antaios geweiht, jenem libyschen Ringkämpfer der griechischen Göttersage, den Herakles besiegte und erwürgte. Die Griechen setzten ihn hier einem lokalen Gott namens Anti gleich, der sonst unbekannt ist. Zwanzig Jahre nachdem Dutertre die damals noch bedeutenden Überreste dieses Tempels gezeichnet hatte, waren sie vollständig verschwunden. Der Nil riß sie fort, als er 1821 seinen Lauf änderte. Ausgrabungen, die 1923 von der British School of Archaeology *durchgeführt wurden, brachten zwei Fragmente einer Inschrift ans Tageslicht, die den Namen des Gottes Anti erwähnt, sonst aber ist über das Gebiet dieser Stadt auch heute kaum mehr bekannt.*

28 Dutertre: *Tempel von Antaiupolis – Qau el Kebir – von Westen,* 1798 (aus der *Description de l'Égypte*).

29 David Roberts: *Das antike Tartyrus* (Tentyra/Tentyris) – *Dendera,* 1848.

Dendera

Dendera, griechisch Tentyra *oder* Tentyris *(aus koptisch* Nitentore*), war der vor allem hier an diesem ihrem Kultort kuhgestaltig gedachten Göttin Hathor geweiht, der neben Isis wichtigsten weiblichen Gottheit des altägyptischen Pantheons. Neben dem Tempel von Edfu (Abb. 57, 58) befindet sich in Dendera der schönste Tempel, der in Ägypten erhalten blieb. Obwohl der Platz, wo er sich erhebt, schon lange Kultstätte war und auch der Tempel bereits seit langem bestand (Überlieferung und Funde weisen seine Anfänge bis in die VI. Dynastie zurück, um 2290 bzw. 2320–2135 v. Chr.), stammt die erhaltene Tempelanlage, mit deren Bau unter der XXX. Dynastie (4. Jh. v. Chr.) begonnen wurde (ältester Teil: ›Geburtshaus‹,* Mammisi, *Nektanebos I., um 380–362/361 v. Chr.), im wesentlichen aus spätptolemäisch-römischer Zeit. Der Neubau des großen Tempels begann unter Ptolemaios IX. Soter II. (116–80 v. Chr.), und auch die meisten nachfolgenden Herrscher leisteten ihren Beitrag zu seiner Erweiterung und Verschönerung, darunter auch Kleopatra VII., (berühmtes Relief an der Rückwand). Auch römische Kaiser – insbesondere Augustus, Tiberius, Caligula, Claudius und Nero – ließen den Tempel weiter ausschmücken, und am Eingangspylon liest man in Hieroglyphenschrift die Namen der Kaiser Domitian, Nerva und Trajan (98–117 n. Chr.).*

30 J. Jollois und R. E. Devilliers du Terrage: *Rekonstruktion des Portikus-Inneren des Tempels von Dendera mit Prozession*, 1798 (aus der *Description de l'Égypte*).

Alle Besucher waren zutiefst von der Ruhe beeindruckt, die die hathorköpfigen Säulen ausstrahlen, desgleichen vom Glanz der Reliefdekoration. Freilich verursachten Kopten, die zunächst das römische ›Geburtshaus‹ (Mammisi) *in eine christliche Kirche verwandelten und im 5. Jh. n. Chr. aus seinem Material neben ihm eine neue geräumige Kirche errichteten, erhebliche Beschädigungen an der älteren Bausubstanz aus vorchristlicher Zeit.*

»Außen war alles voll Sonnenschein und Glanz, innen herrschten Schweigen und Mysterium. Ein schwerer Geruch wie nach Tod, wie nach lange eingeschlossenen Gasen, überfiel uns an der Schwelle. Bei dem Zwielicht, das durch den Portikus fiel, sahen wir die vagen Umrisse eines Waldes riesiger Säulen, die aus dem Dämmer zu ihren Füßen emporwuchsen, um im Dämmer der Höhe des Raumes wieder dem Blick zu entschwinden. Hinter ihnen eröffneten sich schemenhafte Durchblicke auf weitere Hallen, die sich in Tiefen voll undurchdringlicher Dunkelheit verloren. Es erforderte keinen sonderlichen Mut, jene Treppen hinabzusteigen und jene Tiefen zu durchforschen, wenn man in Begleitung anderer war, doch es wäre ein Ort voller Schrecken gewesen, hätte man sich allein hineinwagen müssen.«
Amelia B. Edwards: *A Thousand Miles up the Nile* (1877).

31 Cécile: *Fassade des Großen Tempels von Dendera*, 1798 (aus der *Description de l'Égypte*).

»Als ich mich nach der rechten Seite hin zurückwandte, bemerkte ich in einer düsteren Anhäufung von Ruinen ein aus enormen Massen errichtetes und mit Hieroglyphen übersätes Tor, und durch dieses Tor fiel mein Blick ins Tempelinnere. Ich wünschte, ich könnte meinen Lesern das Gefühl vermitteln, das mich befiel. Ich war viel zu sehr von Staunen ergriffen, um noch kühl urteilen zu können. Alles, was ich bisher gesehen hatte, konnte dieses Gefühl der Bewunderung nur verstärken. Das Monument, das ich hier sah, erschien mir wie der Ur- und Inbegriff eines Tempels in seiner höchsten Vollendung. Mit Trümmern bedeckt, wie es sich mir darbot, rief es in mir ein Empfinden wortloser Ehrfurcht wach, für mich ein Beweis seiner Ausdruckskraft, und ich darf hinzufügen, daß das gesamte Heer, ohne daß man den Soldaten besondere Vorliebe für die Antike nachsagen konnte, ganz ähnlich empfand ... Ich wünschte, ich könnte alles auf Papier festhalten, doch konnte ich dieses Wagnis kaum auf mich nehmen ... Ich konnte wohl kaum erwarten, in Ägypten etwas vollständiger Erhaltenes und zugleich Vollkommeneres als Tentyra [Dendera] zu finden. Ich war verwirrt durch die Vielfalt der Objekte, erstaunt über das Ungewohnte, das ihnen anhaftete, und die Furcht quälte mich, sie nie wieder zu sehen ... Gerade hatte ich in einer kleinen Kapelle eine Himmels-Planisphäre entdeckt, als mir die letzten Strahlen des Tageslichtes zum Bewußtsein brachten, daß ich hier allein war, zusammen mit meinem guten und hilfsbereiten Freund General Belliard, der, nachdem er seinen eigenen Wissensdurst befriedigt hatte, mich an einem so einsamen Ort nicht alleinlassen wollte.

[Denon besuchte den Tempel abermals, als er aus Luxor zurückkehrte.] Da meine Zeit hier sehr knapp bemessen war, begann ich mit dem, was schon auf dem Hinwege mein Hauptziel gewesen war – der Himmels-Planisphäre, die den größten Teil der Decke einer kleinen Kapelle einnimmt, die über dem Schiff des großen Tempels errichtet wurde. Da der Flur niedrig und der Raum dunkel war, konnte ich nur fünf Stunden am Tage arbeiten, doch weder dies noch die Vielfalt der Details oder die starke Konzentration, die erforderlich war, um in der unbequemen Lage, aus der man das Kunstwerk betrachten mußte, nichts durcheinanderzubringen, wirkte sich abkühlend auf meinen Eifer aus. Vielmehr ließ mich der Wunsch, den Gelehrten meines Vaterlandes die Kopie eines ägyptischen Basreliefs von solcher Bedeutung zu überbringen, geduldig die qualvolle Haltung ertragen, die ich einnehmen mußte, als ich es abzeichnete.«

Vivant Denon: *Voyage* (1802).

Besondere Aufmerksamkeit erregte immer wieder die berühmte Tierkreisdarstellung an der Decke einer Kapelle auf dem Tempeldach. Die Franzosen beschlossen, sie abzunehmen – kein leichtes Vorhaben in Anbetracht der Tatsache, daß sie einen 2,5 m breiten und 1 m dicken Teil des Tempeldaches bildete und ungefähr 60 Tonnen wog. Der französische Maurermeister Lelorrain brachte 1821 das Kunststück dennoch fertig. Er brauchte dazu 22 Tage, arbeitete mit einem kleinen Trupp von Arabern und sprengte mit schwachen Schießpulverladungen Löcher in den Stein, wo man dann Steinsägen ansetzen konnte. Die gesamte Operation fand in aller Heimlichkeit statt, und der britische Generalkonsul Henry Salt war wütend, weil er mit dieser Decke eigene Pläne verfolgte, die William Bankes zugute kommen sollten. Heute erblickt man diese Tierkreisdarstellung im Pariser Louvre an der Treppe, die zu den unteren Ausstellungsräumen ägyptischer Kunst führt. In Dendera selbst befindet sich nur noch ein Gipsabguß.

32 J. Jollois und R. E. Devilliers du Terrage: *Tierkreisrelief an der Decke eines kleinen Raumes auf dem Großen Tempel in Dendera,* 1798 (aus der *Description de l'Égypte).* Rechts die Darstellung der Himmelsgöttin Nut.

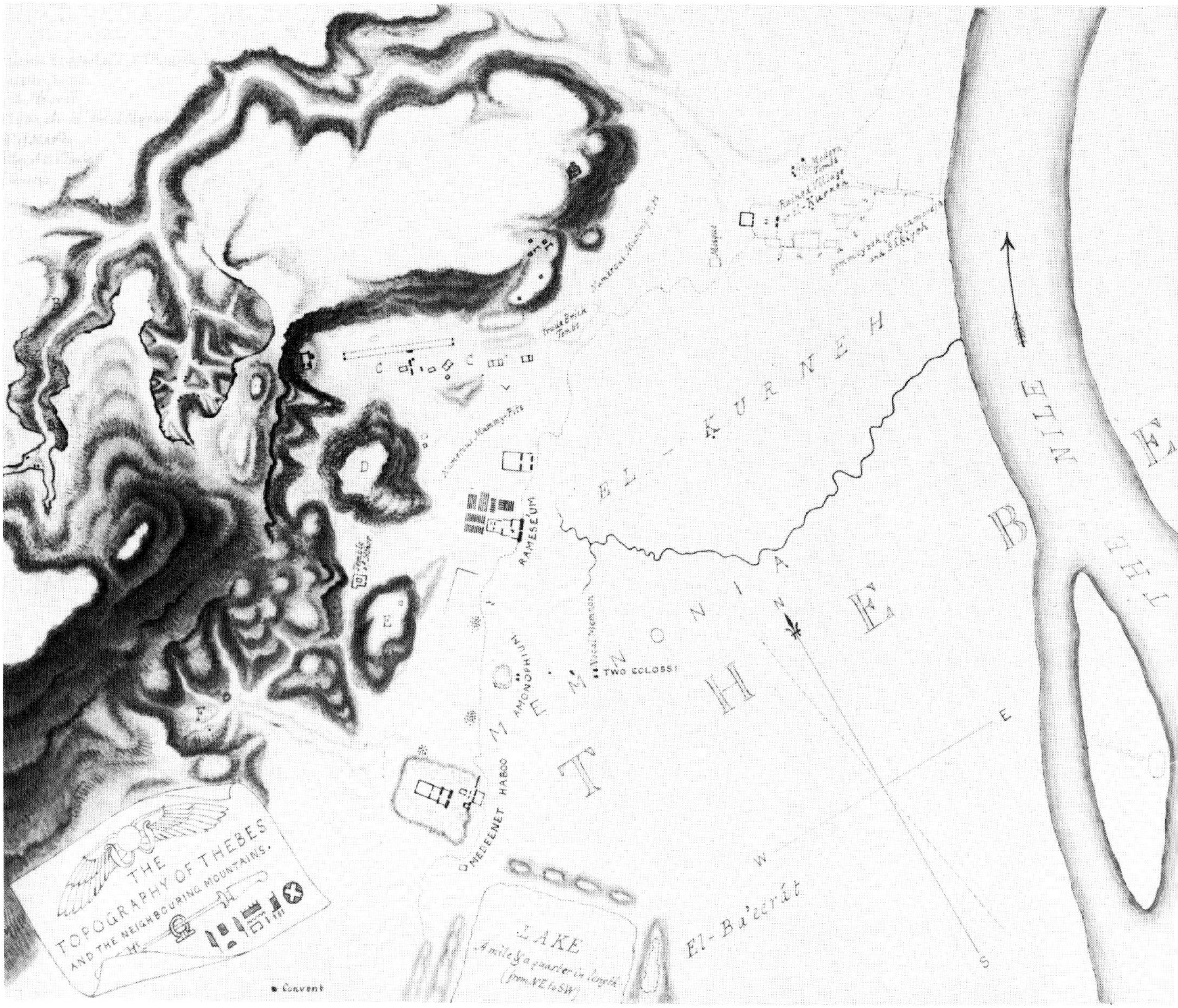

33 Edward Lane: *Topographie Thebens und der benachbarten Gebirgszüge* (um 1826/1827).

Theben

Am Ostufer (auf der Karte rechts) liegen die Tempel von Karnak und Luxor, die eine Prozessionsstraße (Abb. 35) miteinander verbindet. Im Westen, jenseits des Nils, erstrekken sich Ruinen von Medinet Habu über die Memnonskolosse und das Ramesseum bis nach el-Qurna im Norden. Die Anhöhen am Westrand enthalten das Tal der Könige, das man auf einem Pfad von Qurna aus erreicht (vgl. Abb. 46).

»Um neun Uhr bogen wir in einem scharfen Knick um die Spitze eines vorspringenden Höhenzuges, und vor uns lag plötzlich, mit einem Blick überschaubar, Alt-Theben in seiner gesamten Ausdehnung, diese berühmte Stadt, deren Größe Homer [*Ilias* IX, 381–383] in dem einzigen Wort *hekatompylos* [›hunderttorig‹] zusammenfaßte, die strahlende Stadt, deren mehrseitige Schilderung bei Herodot von ägyptischen Priestern diktiert und seitdem von jedem Historiker kopiert wurde ... Die gesamte Armee verhielt ganz plötzlich, wie auf eine einzige Eingebung hin, vor diesen weithin verstreuten Ruinen, und alle klatschten in die Hände, als seien nun Ende und Ziel aller ruhmreichen Bemühungen erreicht und Ägyptens Eroberung dadurch vollendet und gesichert, daß man von den glanzvollen Überresten dieser alten Metropole Besitz ergriff.
Die Lage dieser Stadt ist so schön, wie man es sich nur denken kann, und die unermeßliche Ausdehnung ihrer Ruinen macht dem Beobachter klar, daß von einer fiktiven Vergrößerung ihrer Ausdehnung durch nachträgliche Verherrlichung keine Rede sein kann ...«
Vivant Denon: *Voyage* (1802).

Das antike Theben erstreckt sich über ein riesiges Areal beiderseits des Nils, das am Ostufer Karnak und Luxor sowie am Westufer die großen Totentempel (einschließlich des Ramesseums) umfaßte. Die Stadt erlangte politische und religiöse Macht, als die Fürsten des dortigen Gebietes Ägypten unter ihre Gewalt brachten und die XVIII. Dynastie gründeten, mit der um die Mitte des 16. Jahrhunderts (etwa 1554 oder 1551) v. Chr. das Neue Reich begann. Ihr dynastischer Gott, Amun, stieg mit ihnen zum Reichsgott auf und verschmolz mit dem Sonnengott, Rê, zu Amun-Rê. Auf dem Höhepunkt ihrer Macht besaß seine Priesterschaft zwei Drittel aller Tempelliegenschaften, 90% allen Schiffsraums und 80% sämtlicher Produktionsstätten.
Um bzw. kurz nach 668 v. Chr. plünderte der Assyrerkönig Assurbanipal (668–627 v. Chr.) die Stadt, etwas so Unerhörtes für damalige Vorstellungen, daß noch der Prophet Nahum (Nahum 3, 8–10) *Ninive, das 612 v. Chr. in Trümmer sank, mit den Worten verspottete: »Bist du besser als No-Amon [Theben]? ... seine Stärke waren Kusch [Nubien] und das unermeßliche Ägypten ... Aber auch dieses mußte in die Verbannung ...«. Diodor aus Sizilien besuchte Theben 57 v. Chr. und stellte fest, daß die glanzvolle Tradition noch fortlebte: »Die Thebaner«, so schrieb er, »rühmen sich, die ältesten Philosophen und Astrologen der Welt zu sein ... keine Stadt unter der Sonne war mit so stattlichen Monumenten, Kolossalbildwerken und Obelisken geschmückt, die man aus einem einzigen Stein gehauen hatte.« Theben erhob sich gegen Rom und wurde abermals zerstört, doch Strabon vermerkte 24 v. Chr., noch immer existierten »Spuren seiner Größe, die sich neun Meilen in die Länge« erstreckten ... »zur Zeit stehen Dörfer auf dem Gelände«. Alle Reisenden seit der Antike waren – ebenso wie Denon und das französische Heer – von Alt-Thebens Überresten zutiefst beeindruckt. So schrieb Belzoni 1817: »Inmitten alles dessen, was auf der Welt das Heiligste ist, schien ich allein ..., und alle Belanglosigkeiten und Torheiten des Alltagslebens waren plötzlich vergessen.« Auch heute noch ist, abgesehen vom geschäftigen Treiben der modernen Stadt Luxor, die Atmosphäre, die die Monumente des ›hunderttorigen Theben‹ umgibt, gleichsam von Erhabenheit und Feierlichkeit getränkt.*

Karnak

Die große, zu Boden gefallene Säule des Taharqa, die Flaubert erwähnt, wurde inzwischen wiedererrichtet. Die Sphingen, von denen er spricht und von denen Chabrol einen skizzierte, flankieren die Westallee vom Nil zum Eingangspylon.

Mit seinen Tempeln, seinem Heiligen See und seinen übereinandergestürzten Trümmern innerhalb einer großen Temenosmauer aus luftgetrockneten Ziegeln ist Karnak eine der verwirrendsten altägyptischen Tempelstätten. Wie so manche europäische Kathedrale versah man auch die hiesigen Kultbauten im Lauf der Jahrhunderte – seit dem 20. Jahrhundert v. Chr. (Zeit des Mittleren Reiches) bis in die Jahre Alexanders des Großen und seines Halbbruders Philipp III. Arrhidaios – mit immer neuen Zusätzen, und auch heute ist man wieder dabei, Renovierungs- und Restaurierungsarbeiten großen Stils durchzuführen.

Barrys Zeichnung zeigt den Blick auf Karnak, wenn man sich von Luxor (also von Süden) nähert. Eine Sphingenallee führt zu einem kleinen Pylon Ptolemaios' III. Euergetes' I. in der Temenosmauer und zum Chonstempel dahinter. In einiger Entfernung weiter hinten: der große Amunstempel, von der Seite gesehen (vgl. Farbtafel XI). Seinen massigen, nach Westen hin und dem Nil zugewandten Eingangspylon erblickt man links vom Chonstempel.

Céciles Darstellung zeigt eine Schrägaufsicht auf den Amunstempel aus der entgegengesetzten Richtung. Die Tempelachse verläuft diagonal zum Eingangspylon (ganz rechts) durch den Säulensaal (vgl. Abb. 37) und vorbei an den Obelisken Thutmosis' III. und der Hatschepsut bis zum Säulengang des Taharqa (ganz links im Vordergrund). Dahinter liegen die zerklüfteten Überreste der nach Süden führenden Pylone sowie der kleine Pylon des Ptolemaios Euergetes, den man auf Barrys Zeichnung im Vordergrund erblickt.

34 Cécile: *Gesamtansicht des Tempels von Karnak von Nordosten,* 1798 (aus der *Description de l'Égypte*).

35 *Nebenstehend:* Charles Barry: *Karnac* (Karnak), *Oberägypten* (Blick von Süden auf den ptolemäerzeitlichen Pylon mit dem Chons-Tempel im Hintergrund), 1819.

»Endlich erreichten wir Karnak, ein Dorf, das auf einem kleinen Teil des Areals eines einzigen Tempels errichtet ist, das zu umschreiten, wie irgendwer vermerkte, eine halbe Stunde erforderlich wäre ... Betrachtet man diese Ruinen in ihrer Gesamheit, so lähmt der Gedanke daran, wie man sie schildern soll, die Entfaltung der Phantasie. Von den 100 Säulen des Portikus allein in diesem Tempel haben die kleinsten einen Durchmesser von siebeneinhalb die größten dagegen von zwölf Fuß. Das Gelände, das die Umfassungsmauer umgibt, enthält Seen und Berge. Kurz: Um sich einen zutreffenden Begriff von solcher Großartigkeit machen zu können, sollte sich der Leser das, was er hier vor sich sieht, als Traum vorstellen. Denn wenn er das alles in Wirklichkeit sähe, müßte er sich die Augen reiben, ob er wach sei.«

Vivant Denon: *Voyage* (1802).

»Der erste Eindruck von Karnak ist, daß man einen Palast von Riesen vor sich hat. Die in den Fenstern noch vorhandenen Steingitter geben die Größe dieser gewaltigen Wesen an. Wenn man in diesem Wald mächtiger Säulen umherwandert, fragt man sich, ob hier nicht einst unzerlegte Menschen wie Lerchen am Spieß serviert wurden. Im ersten Hof hinter den beiden großen Pylonen, wenn man vom Nil kommt, liegt eine zu Boden gestürzte Säule, deren sämtliche Segmente – trotz des Aufpralls – in ihrer Ordnung blieben wie ein umgestürzter Stapel Damesteine. Wir kehren durch die Sphinxallee zurück: nicht eine hat ihren Kopf – alle enthauptet.«

Gustave Flaubert: Reisenotizen, Mai 1850.

36 Chabrol: *Kopfloser Sphinx in der Sphingenallee vor den Pylonen zu Karnak mit einem der Kommission angehörenden Maler im Schatten,* 1798 (aus der *Description de l'Égypte*).

37 *Nebenstehend:* David Roberts: *Im Säulensaal zu Karnak,* 29. November 1838.

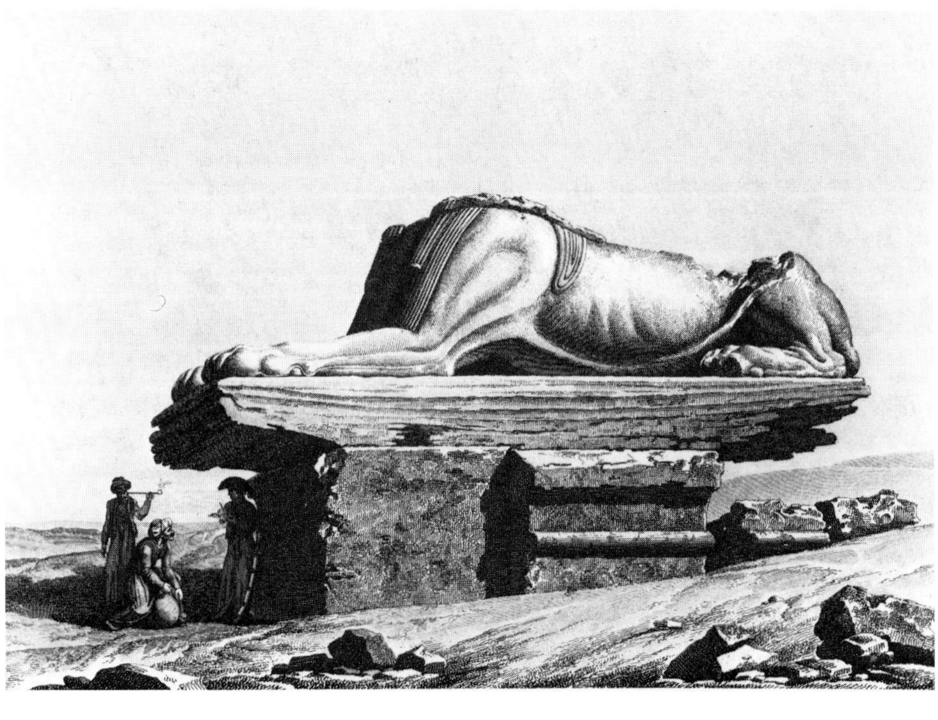

38 A. C. T. E. Prisse d'Avennes: *Nilboot bei Theben (Luxor), im Hintergrund der Tempel* (1838–1839).

Luxor

Vgl. auch Farbtafeln XII–XIV

»Der Eingang zum Dorf Luxor: welch frappierende Mischung von Bettelarmut und Größe! Welch einen Unterschied zwischen dem Ägypten von einst und jetzt verrät diese Szene! Welchen Glanz und welche Anspruchslosigkeit zeigt dieses Bild auf einen Blick! ... Oft kam ich hierher, um nachzusinnen, um Vergangenheit und Gegenwart auf mich einwirken zu lassen, um anhand ihrer Werke die einstigen Bewohner mit denen zu vergleichen, die jetzt hier ihr Dasein fristen ...

Die zwei Obelisken aus rosenfarbenem Granit erheben sich noch immer 70 Fuß über Bodenniveau ... Sie sind völlig erhalten, die Hieroglyphen auf ihnen sind tief eingeschnitten, unten in Relieftechnik ausgeführt, und verraten die sichere Hand eines Meisters sowie eine hervorragende Feinarbeit: Welch bewundernswerten Härtegrad müssen die Meißel gehabt haben, die mit solchen Materialien fertig wurden! Wieviel Zeit verschlangen diese Arbeiten! Was für Maschinen brauchte man, um derart enorme Blöcke aus den Steinbrüchen zu hieven, hierher zu transportieren und aufzurichten!«

Vivant Denon: *Voyage* (1802).

Der Tempel war von den Stampflehmhäusern des neuzeitlichen Dorfes förmlich zugesponnen, doch die Franzosen brachten es fertig, den westlichen, nilseitigen Obelisken niederzulegen und 1836 nach Paris zu verschleppen (s. Seite 26). Erst 1885 konnte Gaston Maspero mit dem Abriß der Häuser beginnen, doch der schon betagte Mustapha Aga, der örtliche Konsularagent Großbritanniens, dessen Haus sich im Säulengang Amenophis' III. befand, harrte dort aus, bis er 1887 starb. Nur einer der später in den Tempel eingefügten baulichen Fremdkörper blieb erhalten: die kleine Moschee im ersten Hof (siehe Farbtafeln XII und XIV), die dem islamischen Heiligen Abu l'Haggag geweiht ist, von dem es heißt, er habe den Wahren Glauben (den Islam) nach Ägypten gebracht. Der Tempel von Luxor ist damit wohl die älteste Kultstätte der Welt, die noch immer ihre Funktion erfüllt, da ihre Geschichte schon zur Zeit des Mittleren Reiches begann und sie noch immer als Andachts- und Gebetsstätte dient. Das Aquarell von Prisse d'Avennes zeigt dessen eigenes Flußboot (mit der englischen Flagge) und dahinter – von links nach rechts – die Obelisken und den Pylon Ramses' II., den Säulengang Amenophis' III. sowie etwas weiter rechts den gleichfalls von Amenophis III. erbauten Säulensaal.

39 Charles Barry: *Eingang zum Tempel von Luxor mit zwei Obelisken Ramses' II.* (1819).

40 Edward Lane: *Kolonnade des Haremhab* (Säulengang Amenophis' III.) *im Tempel von Luxor* (um 1826/1827).

Memnonskolosse

»Unsere Aufmerksamkeit wurde in der Ebene auf zwei große Statuen in sitzender Haltung gelenkt, zwischen denen sich gemäß Herodot, Strabon und anderen, die die Darstellung dieser Autoren übernahmen, die berühmte Statue des Osymandias befand, die die größte dieser Kolossalfiguren war. Die noch vorhandenen zwei Statuen messen in der Höhe 50–53 Fuß. Sie sitzen aufrecht mit auf den Knien ruhenden Händen; alles was von ihnen noch übrig ist, zeugt von strengem Stil und gerader Haltung. Die Basreliefs und kleineren Statuen [jedoch], die sich am Thron der südlichen Statue häufen, sind durchaus nicht ohne Eleganz und Feinheit in der Ausführung. Am Bein der Statue im Norden erblickt man in griechischer Schrift die Namen der berühmten antiken Reisenden, die hierher kamen, um den Ton zu hören, den Memnons Statue von sich gab. Wir können hier sehen, wie sehr Berühmtheit das Denken der Menschen beeinflußt, denn als die altägyptische Regierung und die Eifersucht der Priester es Fremden nicht mehr verbot, diese Monumente zu berühren, übte die Liebe zum Wunderbaren weiterhin ihre Herrschaft über das Denken derer aus, die als Besucher hierherkamen.«

Vivant Denon: *Voyage* (1802).

Bei den sogenannten Memnonskolossen handelt es sich um kolossale Sitzbilder Amenophis' III. (1417–1379 v. Chr.), die vor Amenophis' Totentempel standen. Außer einer Stele 400 m hinter ihnen ist von diesem Tempel allerdings nichts mehr erhalten. Im Altertum soll der rechte (nördliche) der beiden Kolosse in der Morgendämmerung einen klagenden Ton ausgestoßen haben. Die Legende erblickte daher in dieser Statue eine Abbildung des vor Troja gefallenen Helden Memnon, der allmorgendlich seine Mutter Eos (die ›Morgenröte‹) begrüßte. Zahlreiche Reisende bestätigen, diesen Ton vernommen zu haben, und auch drei römische Kaiser, Augustus, Hadrian sowie Septimius Severus, besuchten die Kolosse. Septimius Severus, der 193–211 n. Chr. regierte, ließ die ›klagende‹ Statue, die einen von einem Erdbeben herrührenden, gefährlichen Riß aufwies, reparieren, und von Stund an gab sie keinerlei Laut mehr von sich. Man vermutet, daß das ›Klagen‹ auf Oberflächenveränderungen des geborstenen Steins beim allmorgendlichen Temperatur- und Feuchtigkeitswechsel zurückzuführen war. Vielleicht aber hatten auch die Priester Thebens ein wenig nachgeholfen. Die an den Seiten des Thrones erkennbaren Kartuschen Amenophis' III. wurden – zusätzlich zum Stein von Rosette – auch von Champollion herangezogen, als dieser die Hieroglyphen entzifferte.

41 Charles Barry: *Die Ebene von Theben westlich des Nils* (1819).

42 Henry Salt: *Memnonskoloß* (die nördliche der beiden Statuen, die einst ›geklagt‹ haben soll), um 1819.

Farbtafeln XVI–XVIII

XVI. Ernst Weidenbach: *Tempel Sethos' I. in Qurna,* aus Richard Lepsius: *Denkmäler* (1849–1859), Detail.

Diesen herrlichen, heute leider viel zu selten besuchten Tempel Sethos' I. (1290–1279 v. Chr.) erblickt man rechts (Bildmitte). Links in einiger Entfernung das Ramesseum.

XVII. William Bartlett: *Memnonium* (Ramesseum [1845]).

»Von allen Ruinen Thebens ist das Ramesseum die gefälligste. In Sonnenschein getaucht, scheint der warme Kalkstein [in Wirklichkeit Sandstein], aus dem es erbaut ist, wie im Lauf der Zeit geschmolzen und zu Gold geworden. Keine Mauern umgeben es. Keine ragenden Pylone überschatten es. Es steht auf hochgelegenem Gelände, und die Luft zirkuliert ungehemmt zwischen diesen einfachen, schönen Säulen. Es gibt nicht viele ägyptische Ruinen, in denen man sprechen und heiter sein kann. Doch im Ramesseum kann man die vergängliche Stunde voll und ganz auskosten.«
Amelia B. Edwards: *A Thousand Miles up the Nile* (1877).

Das Ramesseum war der Totentempel Ramses' II. (s. Seite 122–123).

XVIII. Giovanni Belzoni: *Wie der Kopf des Jüngeren Memnon (heute im Britischen Museum) von Belzoni abtransportiert wurde* (1822).

»Als ich diese Ruinen betrat, galt mein erster Gedanke der Kolossalbüste, die ich von ihrem Platz zu entfernen hatte. Ich fand sie neben den Überresten des zugehörigen Torso und des Thronsessels, und es schien, als ob sie mir in Gedanken an ihre bevorstehende Reise nach England zulächelte. Ich muß sagen, daß ihre Schönheit, wenn auch nicht ihre Größe, meine Erwartungen übertraf ... Die Fellachen von Gournou [Qurna] die mit Kaphani, wie sie den Koloß nannten, sehr vertraut waren, waren überzeugt, er könne niemals von der Stelle fortbewegt werden, wo er lag ... Das Verfahren, das ich anwandte, um ihn auf den Wagen zu befördern, war denkbar einfach, denn diese Leute können keine Arbeiten anderer Art ausführen, da ihre Intelligenz höchstens dazu reicht, ein Tau zu ziehen oder am äußersten Ende eines Hebebaumes als Gegengewicht zu sitzen. Mit Hilfe von vier Hebebäumen hob ich die Büste an, so daß unter ihr ein Hohlraum entstand, in den man den Wagen schieben konnte. Nachdem der Koloß langsam auf diesen herabgelassen worden war, ließ ich den Wagen mit der darauf liegenden Büste vorn langsam anheben, so daß man eine der Walzen darunterschieben konnte.
Dann ließ ich dasselbe Manöver mit dem rückwärtigen Wagenende wiederholen, und der Koloß konnte nun von seinem Platz gezogen werden.«
Giovanni Belzoni: *Narrative* (1820).

Belzoni holte 1816 die Büste aus dem Ramesseum. Damit glückte ihm, was den Franzosen nicht gelungen war. Doch die Arbeit wurde im Juli/August getan, den heißesten Monaten des Jahres, und all seine Körperkraft schützte Belzoni nicht vor den Folgen. So vermerkt er am 28. Juli:

»Am Abend fühlte ich mich elend. Ich begab mich zur Ruhe, aber mein Magen weigerte sich, irgendwelche Nahrung zu sich zu nehmen ... Am nächsten Tage, dem 29., konnte ich nicht mehr auf den Beinen stehen und verschob die Arbeit auf den Folgetag ... Am 30. setzten wir die Arbeit fort, und der Koloß rückte dem Nil 150 *yards* [137,10 m] näher. Am Morgen fühlte ich mich ein wenig besser, doch abends ging es mir wieder schlecht ...«

XVII

XVIII

XIX

XXI

XXII

Farbtafeln XIX–XXII

»Hier bestattete man die Pharaonen aus Theben ... so raffiniert waren manche von ihnen versteckt, daß erst nach 32 Jahrhunderten der unermüdliche Belzoni ein paar davon entdecken sollte. Nirgendwo stellte er seinen Eifer und die Energie, mit der er die Erforschung Altägyptens betrieb, deutlicher unter Beweis als hier in diesem abgelegenen Tal ... Das bemerkenswerteste dieser Gräber, auf der Zeichnung das zweite links, wurde 1817 von Belzoni entdeckt und trägt seinen Namen ...«
William Brockedon: Anmerkungen zu David Roberts, *Egypt and Nubia* (Ausgabe von 1855/56).

XIX. David Roberts: *Eingang zu den Königsgräbern von Theben, Bab el Malouk [Bibân el-Mulûk],* aus: *Egypt and Nubia* (1846–1850), Detail.

›Belzonis Grab‹ war das Grab Sethos' I., darüber erhebt sich die ›Lady of the Peak‹ *– die auch von Luxor (auf der anderen Seite des Nils) sichtbare ›Westspitze‹ (bzw.* el-Qurn), *vgl. Abb. 46 und Farbtafel XIII.*

»In der Mitte der Stadt, unweit vom Marktplatz, befindet sich ein großartiger ägyptischer Tempel, der allerdings vollständig verschüttet ist und über dem sich moderne Häuser erheben. Die einzige Ausnahme davon bildet der Portikus oder Vorraum. Ihn tragen 24 Säulen in vier Sechserreihen ... Die Kapitelle – sie sind bei jeder Säule anders gestaltet – zeigen gute Handwerksarbeit. Sie verbinden Frucht- und Blattwerkdarstellungen von Datteln, Weinstock, Lotus etc. ...«
Charles Leonard Irby und James Mangles: *Travels* (1823).

XX. David Roberts: *Tempel in Esneh* [Esna], *25. November 1838,* aus: *Egypt and Nubia* (1846–1850).
Zu Esna: s. Seiten 136–137

»Obwohl halb verschüttet, ist er doch schöner, als wenn er offen läge, und erinnert mich an Piranesis Radierungen des Forums in Rom ... ich machte zwei großformatige Zeichnungen: die eine zeigt den Portikus [Abb. 57], die andere den Blick von diesem durch den Dromos hin zu den Propyla. Um die erstgenannte Zeichnung anzufertigen, mußte ich unter meinem Schirm in der Sonne sitzen, obwohl heute 100 Grad [Fahrenheit = etwa 38° Celsius] im Schatten geherrscht haben dürften. Ich fürchte, ich habe einen Fehler begangen, und hoffe zu Gott, daß er keine Folgen hat – aber der Portikus ist in sich so wunderschön, daß ich nicht zu widerstehen vermochte ... in Zukunft aber werde ich die Sonne meiden, selbst wenn ich dadurch ein Sujet verliere.«
David Roberts: Reisetagebuch.

XXI. David Roberts: *Der äußere Hof des Tempels von Edfou* [Edfu], *Ägypten* [1840].
Zu Edfu: s. Seiten 140–141

»Wohl kein Element dieses Riesenbaus wirkt durch den Kontrast eindrucksvoller als das großartige Propylon mit den paar Lehmhütten, die sich an die Karniese der den Hof umgebenden Kolonnade schmiegen. Sie bedeuten für das Gesamtbild kaum mehr als Schwalbennester unter dem Giebel eines neuzeitlichen Wohnhauses.«
William Brockedon, Anmerkungen zu David Roberts: *Egypt and Nubia* (Ausgabe von 1855/56).

»Kôm Ombo ist ein großartiger Torso. Es war einst so groß wie Dendera – ja vielleicht noch größer, denn in der gleichen Größenordnung wie der Tempel von Dendera ausgelegt, war es ein zwei Göttern: Horus und Sevek [Sobek], dem Falken und dem Krokodil geweihter Doppeltempel. Heute jedoch sind nur noch ein paar riesige, bis acht oder zehn Fuß [2,44–3,05 m] unter die gewaltigen Kapitelle zugeschüttete Säulen übrig, dazu ein herrliches Architrav-Fragment, ein geborstenes Band eines skulptierten Karnieses sowie einige niedergestürzte Blöcke mit den eingravierten Namen von Königen, die Ptolemaios, und Königinnen, die Kleopatra hießen.«
Amelia B. Edwards: *A Thousand Miles up the Nile* (1877).

XXII. David Roberts: *Kôm Ombo, 21. November 1838,* aus: *Egypt and Nubia* (1846–1850).
Zu Kôm Ombo: vgl. Seiten 144–145

Ramesseum

Vgl. auch Farbtafeln XVII, XVIII

»Einige Schritte von diesem Tor [dem Eingangspylon] entfernt befinden sich die Überreste eines riesigen Kolosses. Er wurde absichtlich zerschlagen, denn bei den noch vorhandenen Teilen ist die Politur so vorzüglich erhalten, und die Bruchkanten sind so klar, daß es offensichtlich ist: Hätte die menschliche Zerstörungswut darauf gewartet, daß allein die Zeit dieses Monument ruiniert, stünde es noch immer heil und unversehrt vor unseren Augen. Um einen Begriff von seinen Ausmaßen zu geben, mag es genügen, daß die Breite der Schultern 25 Fuß beträgt, was eine Gesamthöhe von 75 [Fuß] ergibt: Ist doch die Statue in ihren Größenverhältnissen genau. Ihr Stil hat Mittelmaß, doch die Ausführung ist vollkommen. Als sie stürzte, fiel sie aufs Gesicht, so daß dieser interessante Teil nunmehr verdeckt ist. Und da ihre Drapierung abgebrochen ist, läßt sich auch an ihren Attributen nicht mehr erkennen, ob es sich um die Abbildung eines Königs oder einer Gottheit handelt. Ist es eine Statue Memnons oder stellt sie Osymandias dar? – die Beschreibungen, die man bisher von diesem Monument gab, bringen mehr Verwirrung als Licht in diese Frage. Wenn wir es mit einer Statue Memnons zu tun haben, was mich immer wahrscheinlicher dünkt, müssen sich sämtliche Reisenden seit zweitausend Jahren . . . geirrt haben . . . Übrig ist noch ein Fuß dieser Statue, er ist abgebrochen und gut erhalten; man könnte ihn leicht fortbringen und so denen in Europa einen Vergleichsmaßstab für die Monumente

dieser Art geben ... Der Platz, an dem diese Figur stand, könnte entweder ein Tempel oder ein Palast oder beides zugleich gewesen sein ... Diese Ruine, die am Abhang des Berges liegt und später nie bewohnt war, ist in ihren noch anstehenden Teilen so gut erhalten, daß sie eher den Eindruck eines neuen, nur unfertig gebliebenen Bauwerkes erweckt. Es hätte einiger Zeit und einiger Untersuchungen bedurft, den Plan dieses Tempels zu ermitteln, doch die Kavallerie galoppierte weiter, und ich war einfach gezwungen, ihr dicht auf den Fersen zu bleiben, um nicht für alle Zeit meine Forschungen aufgeben zu müssen.«
Vivant Denon: *Voyage* (1802).

Weil man die dort gefundene Kolossalstatue als Darstellung Memnons betrachtete (vgl. Seiten 110–111), bezeichnete man das Ramesseum einst als Memnoneion (Memnonium). In Wirklichkeit ist es der Totentempel Ramses' II., des ›Großen‹. Schon im Altertum rühmten mehrere Reisende seine riesigen Statuen und seine gewaltigen Ausmaße. Bei dem Namen Osymandias, den der antike Autor Diodorus Siculus benutzt, handelt es sich um eine Verballhornung des Thronnamens Ramses' II. W'sr-m^{3c}t-R^{c} (User-maat-Rê [›*Stark ist die Maat* ⟨*die gerechte Weltordnung*⟩ *des* ⟨*Sonnengottes*⟩ *Rê‹ oder ›Ein Starker hinsichtlich der Maat des Re‹*]*), der in Hieroglyphenschrift auf dem umgestürzten Koloß zu lesen ist. Man hat errechnet, daß diese aus einem einzigen Block gearbeitete Riesenskulptur ursprünglich etwa 1000 Tonnen gewogen haben muß. Denon schreibt ihre Zerstörung menschlicher Gewaltanwendung zu, und es wird oft gesagt, sie sei von den Persern umgestürzt worden. Eine andere Erklärung, wonach sie in der Spätantike durch ein Erdbeben zu Fall gebracht wurde, gründet sich auf die Ansicht geologischer Experten, die auf einen vielsagenden ›Knick‹ im nahen ersten Pylon des Tempels hinweisen.*
Glücklicherweise dachte niemand daran, Denons Idee aufzugreifen, die Füße des Kolosses zu entfernen. So stehen sie noch immer, von hohem Gras überwachsen, neben einer schattigen Tamariske im ersten Hof des Tempels. Der englische Dichter Percy Bysshe Shelley (1792–1822) verewigte sie in seinem Sonett ›Osymandias‹ (nachstehend in der Übersetzung von Adolf Strodtmann [Leipzig 1886] wiedergegeben):

43 Charles Barry: *Memnonium* (Ramesseum), *Oberägypten* (1819).

Ein Wandrer kam aus einem alten Land,
Und sprach: Ein riesig Trümmerbild von Stein
Steht in der Wüste, rumpflos Bein an Bein,
Das Haupt daneben, halb verdeckt vom Sand.

Der Züge Trotz belehrt uns: wohl verstand
Der Bildner, jenes eitlen Hohnes Schein
Zu lesen, der in todten Stoff hinein
Geprägt den Stempel seiner ehrnen Hand.

Und auf dem Sockel steht die Schrift: ›Mein Name
Ist Osymandias, aller Kön'ge König: –
Seht meine Werke, Mächt'ge, und erbebt!‹

Nichts weiter blieb. Ein Bild von düstrem Grame,
Dehnt um die Trümmer endlos, kahl eintönig
Die Wüste sich, die den Koloß begräbt.

Wenig hat sich an dieser Stätte geändert. Belzoni entfernte 1816 den anderen, aus rotschwarzem Granit bestehenden Statuenüberrest (Farbtafel XVIII) und brachte ihn ins Britische Museum, wobei er es – entsprechend der Anweisung, die er erhalten hatte – peinlichst vermied, auch noch den größeren der beiden Kolosse mitgehen zu heißen, und wer im Winter 1817 in London auf sich hielt, ließ es sich nicht nehmen, das Britische Museum zu besuchen, um dieses Statuenfragment nebst all den anderen neuerworbenen ägyptischen Altertümern zu bewundern – und dazu Diodors Schilderung zu lesen, die Shelley zu seinem oben zitierten Sonett inspiriert hatte.

44 Charles Francklin Head: *Im Tempel von Medinah Habou* (Medinet Habu), Januar 1830.

Medinet Habu

»Die mittlere Säule am Nordende des Hofes wurde einst gestürzt, und an ihrer Stelle befinden sich die Überreste einer christlichen Kirche, deren Schiff auf Säulen bescheidener Größe ruhte, von denen man noch einige in der Mitte des Hofes erblickt, wo sie von der so unterschiedlichen Kunst und Macht zweier so verschiedener Zeitalter zeugen. ›Arm und bescheiden sehen sie aus zwischen Trümmern wie diesen, doch für des Christen Auge sind mit Ruhm sie geziert‹. Sie sind anspruchslos und verrieten viel über jene frühen Christen, die sie entwarfen ... In frühchristlicher Zeit war die Kirche mit zahlreichen Klerikern und zwei Bischofssitzen in Theben fest etabliert, und es besteht jeder Grund [zu der Annahme], daß dies hier die Residenz der westlichen Diözese [des Bistums Theben-West] war. Außen an den Mauern dieses Tempels gibt es zahlreiche Stücke vorzüglicher Skulptur, die es durchaus mit jedem anderen Bildwerk jedes anderen Tempels aufnehmen können. Allerdings blieb nur wenig davon vom Schutt frei, ausgenommen die Nordmauer oder der Mauerpartie zum Memnon hin, deren Darstellungen außerordentlich lebensvoll sind [es handelt sich um die Seevölker].«

Charles Francklin Head: *Eastern and Egyptian Scenery, Ruins & c.* (1833).

»Rechts, unmittelbar an das Dorf Medinet-Abu grenzend, liegt am Gebirgsfuß ein riesiger Palast, der in verschiedenen Perioden erbaut und erweitert wurde. Alles, was ich bei meiner ersten Untersuchung, die ich hoch zu Roß unternahm, von ihm erkennen konnte, war, daß der untere Teil dieses Palastes, der an den Berghang stößt, baulich der älteste ist, daß tiefeingeschnittene Hieroglyphen ihn bedecken, aber keinerlei Relief vorhanden ist, und daß ihn schließlich die katholische Religion zu ihren eigenen kultischen Zwecken umgestaltet und in eine Kirche umgewandelt hatte, wobei zwei Säulenreihen im Stil der damaligen Zeit eingefügt wurden, um die geschlossene Decke zu tragen. Im Süden dieses Monumentes gibt es ägyptische Räumlichkeiten mit Treppen und quadratischen Fenstern, das einzige dieser Bauwerke, die ich hier sah, das kein Tempel war. Jenseits davon stehen aus altem Material neuerrichtete Gebäude, die jedoch unvollendet blieben.«

Vivant Denon: *Voyage* (1802).

Der riesenhafte Komplex von Medinet Habu besteht in der Hauptsache aus dem Totentempel Ramses' III. (1187–1156 v. Chr.), dem größten aller in Theben-West noch erhaltenen Totentempel. Die ›mit Hieroglyphen, aber keinerlei Relief‹ bedeckte Partie ist die längste überhaupt bekannte Hieroglypheninschrift, die sich auf die großen Seekämpfe mit den Seevölkern zur Zeit Ramses' III. bezieht.

Kapitän Heads Aquarell zeigt den Tempelhof, in dem die Säulen aus frühchristlicher Zeit seltsam mit den massiven altägyptischen Säulen kontrastieren. Barrys Zeichnung gibt den in seiner Art einmaligen befestigten Eingang (das sogenannte ›Hohe Tor‹) zum Tempelbezirk wieder, dessen Bauweise das Vorbild syrischer Festungstürme verrät. Man bezeichnet diesen Teil der Anlage daher auch als migdol. *Es wird angenommen, daß Ramses diesen Torbau zur Erinnerung an militärische Eroberungen errichten ließ.*

45 Charles Barry: *Der mutmaßliche Palast von Medinet Abou* (das ›Hohe Tor‹, *migdol,* von Medinet Habu), 1819.

Tal der Könige

»Das heilige Tal namens Beban el Malook [Biban el-Muluk, wörtlich ›Pforten der Könige‹] beginnt in Gournou [Qurna], läuft nach Südwesten und wendet sich allmählich direkt nach Süden [vgl. Abb. 33]. Es enthält die berühmten Gräber der Könige Ägyptens und teilt sich in zwei Hauptzweige, von denen sich einer zwei Meilen [rund 3 km] weiter nach Westen hin erstreckt, so daß zwischen dem Nil und seinem Scheitelpunkt 5 Meilen liegen. Den anderen, der die meisten Gräber enthält, trennt von Gournou [Qurna] nur ein einziger Bergrücken, den man von Theben aus in weniger als einer Stunde überqueren kann. Dieselben Felsen umgeben den geheiligten Talgrund. Man kann ihn nur durch einen einzigen natürlichen Zugang betreten, der wie ein Tor geformt ist, oder erreicht ihn auf zerklüfteten Pfaden quer über das Gebirge ... Einige dieser Gräber sind gänzlich offen, andere dagegen am Eingang mit Steintrümmern zugeschüttet ... Strabo zählte davon wohl 18 wie auch wir bis zum heutigen Tage, darunter einige unbedeutende, die man wohl nicht als Gräber ägyptischer Könige anspräche, wenn sie nicht in diesem Tal lägen ... Mit Sicherheit sind die Gräber im Tal Beban el Malook in besserem Zustand als die in Gournou. Unter diesen Umständen ließ ich in der Erwartung, einige Königsgräber zu entdecken, ein paar Leute ans Werk gehen. Am 6. Oktober [1817] begann ich mit der Ausgrabung, und am 9. stieß ich auf das erste Grab.«

Giovanni Belzoni: *Narrative* (1820).

Belzoni hatte einen fast schon unheimlich sicheren Blick für Geländeverhältnisse und jede durch Menschenhand verursachte Anomalie – eine Begabung, die er auch bei der Chephrenpyramide unter Beweis stellte. Diese Karte zeigt sechs tiefschwarz markierte Gräber in den verschiedenen Armen des Tals der Könige, auf die er im Zuge seiner nur kurzen Ausgrabungen gestoßen war. Allerdings hatte er noch keine Ahnung, um wessen Gräber es sich handelte, weil die Hieroglyphen noch nicht entziffert waren. Belzoni entdeckte (in der Reihenfolge seiner Zählung):

Westtal

1. Grab des Pharao Eje (1323/22–1319/18 v. Chr.), der Tutanchamuns Nachfolge angetreten hatte. Nach heutiger Zählung: Grab Nr. 23.

2. Ohne Inschriften (heute Nr. 24 oder 25).

Ost- bzw. Haupttal

3. Grab Ramses' I. (1293/92–1290), heute Grab Nr. 16.
4. Unidentifiziertes Grab. Möglicherweise für Verwandte Thutmosis' III. oder der Königin Hatschepsut.
5. Grab des Prinzen Montherchopschef, eines Sohnes Ramses' IX. (heute Grab Nr. 19).
6. Grab Sethos' I. (1290–1279 v. Chr.), heute Grab Nr. 17.

Das Grab Sethos' I., seiner Ausschmückung nach das schönste in diesem Tal, ist in seiner gesamten Länge, die sehr beträchtlich ist, in lebhaften Farben dekoriert. In der Grabkammer fand Belzoni den herrlich gearbeiteten Alabastersarkophag des Pharao – leer. Er befindet sich heute in Sir John Soanes Museum in London, Sethos' Mumie dagegen, die man 1881 in dem großen Mumienversteck in Deir el-Bahari (Dêr el-Bahri) vorfand, ist heute im Ägyptischen Museum, Kairo.
Wie Belzoni berichtet, eilte der Distriktsgouverneur, Hamad Aga aus Qena, in nur 36 Stunden (statt der normalerweise erforderlichen 2 Tage) herbei. Gerüchte über ungeheure Schatzfunde hatten ihn angelockt. Enttäuscht darüber, daß das, was man ihm hinterbracht hatte, falsch war, setzte er sich in der mit Malereien ausgeschmückten

46 Giovanni Belzoni: *Topographische Karte des Tals Biban Ell Malook* (Biban el-Maluk), *worin die Königsgräber liegen,* 1817 (aus: *Narrative,* 1820).

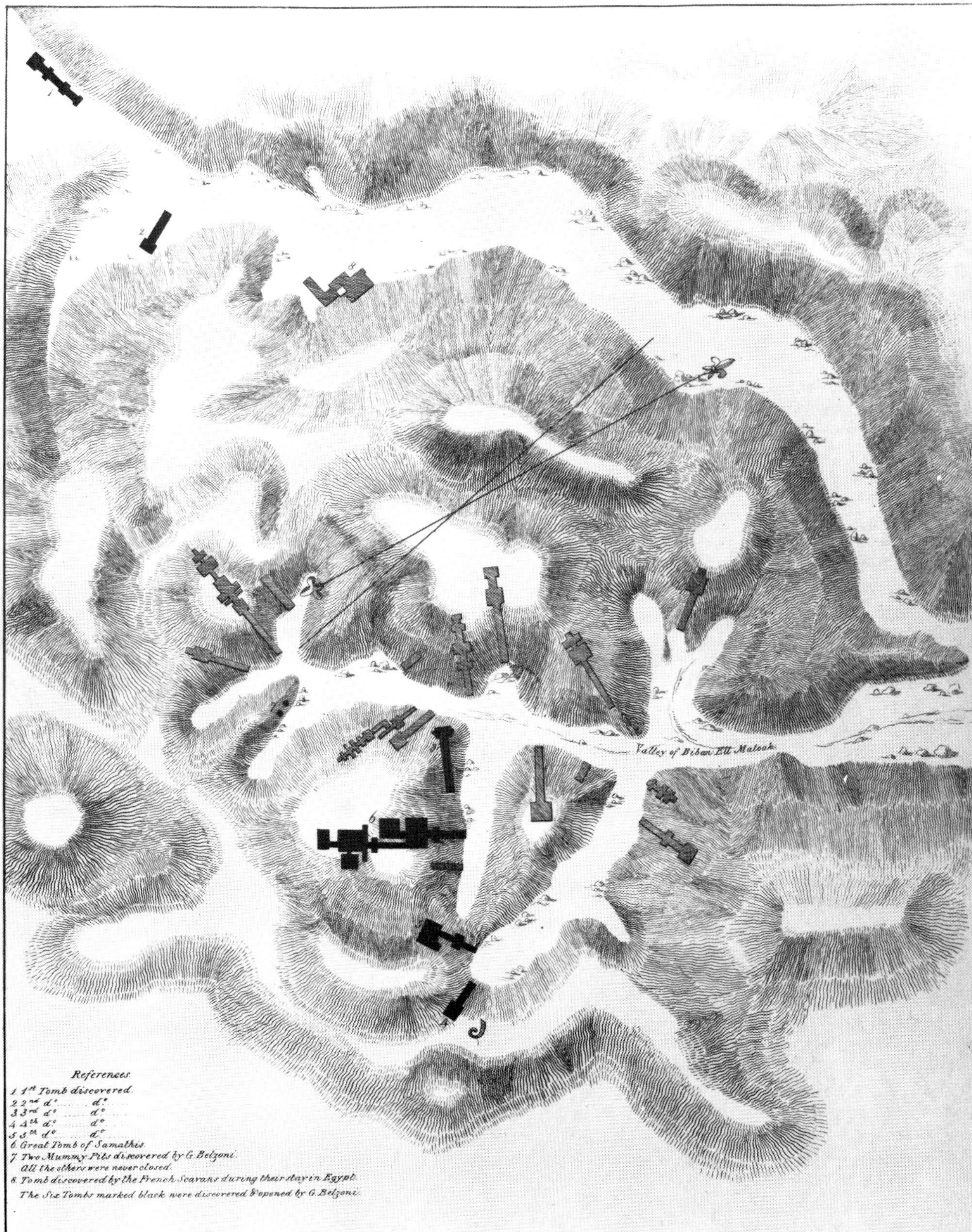
Valley of Biban Ell Malook
References.
1. 1st Tomb discovered.
2. 2nd do. .... do. ......
3. 3rd do. .... do. ......
4. 4th do. .... do. ......
5. 5th do. .... do. ......
6. Great Tomb of Samathis.
7. Two Mummy Pits discovered by G. Belzoni.
All the others were never closed.
8. Tomb discovered by the French Scavans during their stay in Egypt.
The Six Tombs marked black were discovered & opened by G. Belzoni.

Belzoni del.

Grabkammer auf den Sarkophag. »Ich fragte ihn«, fährt Belzoni fort, »was er von all den schönen Bildern hielte, die ringsum die Wände bedeckten. Er warf ihnen einen flüchtigen Blick zu, der von absolutem Desinteresse zeugte, und erwiderte: ›Das wäre ein guter Raum für einen Harem. Da hätten die Frauen immer was zum Ansehen‹.«
Als Belzoni 1819 Ägypten verließ, war er der Meinung, im Tal der Könige seien keine Königsgräber mehr zu finden. Doch in der Folge – und dies noch im vergangenen Jahrhundert – entdeckte Loret weitere bedeutende Pharaonengräber, darunter die Grabstätten Amenophis' II. und Thutmosis' III. Zu Beginn unseres Jahrhunderts setzte der amerikanische Geschäftsmann, Archäologie-Mäzen und Hobby-Ägyptologe Theodore Davis die Ausgrabungen fort und stieß unter anderem auf die Gräber des Haremhab, der Hatschepsut sowie das der Königin Teje zugeschriebene, allerdings umstrittene Grab Nr. 55, vor allem aber auf das noch unversehrte Grab der Eltern Tejes, Juja und Tuju. 1912 gab auch Davis die Ausgräberei auf, seinerseits in dem festen Glauben, das Tal der Könige sei nun endgültig erforscht. Doch der letzte und großartigste Fund glückte erst 1922: die Entdeckung des Tutanchamun-Grabes durch Howard Carter und den Earl of Carnarvon.

47 Charles Francklin Head: *Weg zu den Königsgräbern von Theben, Biban el-Muluk* (Januar 1830).

»Die Kleinheit [der Räume] und die Enge in diesen Gräbern verursachen Unbehagen, und die Hitze sowie der Qualm von den unbedeckten Fackeln der Araber verstärken dieses ungute Gefühl noch. Man sollte die Reisenden mit Wachskerzen ausrüsten, für die es schon bald, nachdem man den Grabschacht betreten hat, Gelegenheit zur Verwendung gibt. Aus Gründen der Wirkung und des Genusses, den man davon hat, sollte man die Gräber nachts besichtigen, ebenso empfiehlt es sich, die kräftigen Umrisse der Tempel zur gleichen Zeit zu betrachten. Die Ausmaße und das Grandiose dieser Architektur kommen erst dann zu ihrer vollen Wirkung, während die Schäden und Mängel, die die Zeit diesen Bauwerken zugefügt hat, verborgen sind, und man riskiert weniger als am Tage, irgend jemandem zu begegnen, der einen ablenkt.
Die Tafel zeigt die Eingänge zu den verschiedenen Gräbern. Sie sind in unregelmäßigen Abständen, und ohne daß man besonders auf ihre Position achtete, in verschiedenen Teilen des Halbrundes. Hervorgehoben ist das Grab, in dem Champollion wohnte [vgl. Seiten 130–131]; einige Überreste der Trennwände stehen noch, und abgesehen von seiner Enge und der unbehaglichen Atmosphäre ist es gar keine so üble Behausung.
Ich kehrte zu meiner Unterkunft zurück, vollkommen erschöpft von den Anstrengungen dieses Tages, und blickte voll ungeduldiger Erwartung dem Morgen entgegen, der mich in die Lage versetzen sollte, den Tempel von Medinah Habou [Medinet Habu] zu besichtigen [vgl. Seiten 124–125].«
Charles Francklin Head: *Eastern and Egyptian Scenery, Ruins & c.* (1833).

Gewiß hatte Kapitän Head vollkommen recht, wenn er äußerte, die Tempel kämen erst nachts »voll zur Geltung« (vgl. Seite 87).

Tal der Könige

Als 1829 Champollions Expedition im Tal der Könige eintraf, schlug sie ihr Hauptquartier im Grab Ramses' IX. auf (das man damals für das Grab Ramses' V. hielt). Der italienische Ägyptologe Nicolo Francesco Ippolito Baldessare Rosellini sowie eine Anzahl junger Zeichner und Assistenten begleiteten den französischen Gelehrten. Die beiden Expeditionsleiter bezogen die Haupträume dieses Grabes, und die Männer, die sie begleiteten, ließen sich ringsumher häuslich nieder.
Unter den Zeichnern befand sich Nestor L'Hôte, ein junger Mann von 25 Jahren, der sich seit seinem zehnten Lebensjahre für Ägypten interessierte und Champollion seit 1827 kannte. Er war ein unermüdlicher Arbeiter, und viele seiner Zeichnungen wurden in der Folgezeit in Champollions und Rosellinis großen Publikationen veröffentlicht. Die Anstrengungen, die er und seine Gefährten während dieser Ägyptenfahrt auf sich nehmen mußten, untergruben seine Gesundheit, und voller Verzweiflung schrieb er nach Hause: »Mein Gott! Hieroglyphen sind so langweilig und deprimierend! Wir alle sind krank durch sie!« – und: »Ich bin wie ein Mann im Feuer, der nur noch eine Viertelstunde zu leben hat!«
Man verbrachte den Juni 1829 in dem Grab im Tal, dann zog der Haupttrupp hinab nach Qurna. Nur Champollion und L'Hôte blieben noch eine Woche länger in ihrem Grab, um einige Arbeiten fertigzustellen. Die Lebens- und Arbeitsbedingungen führten schließlich zu einer Krise. Unruhe breitete sich aus, und einige der jüngeren Expeditionsmitglieder – unter ihnen L'Hôte – beschlossen, nach Frankreich zurückzukehren.
Champollion starb 1832, und L'Hôte kam 1838 abermals nach Ägypten, um seine Zeichnungen zu vollenden. Am 23. Juli schrieb er an Jean Latronne, einen anderen französischen Archäologen:

»Ich habe in demselben Grab Ramses' V. [vielmehr: IX.] Wohnung genommen, wo ich vor acht Jahren zwei Monate zusammen mit dem berühmten und viel betrauerten Champollion zubrachte. Dieses Tal, das in mir die traurigsten, und doch auch kostbarsten Erinnerungen wachgerufen hat, hat etwas von einer Verlassenheit angenommen, etwas von einem Hauch düsterer Melancholie, tiefer als je zuvor. Ich habe mein Bett an derselben Stelle aufgeschlagen, wo es stand, und meine Gedanken bemühen sich unaufhörlich, sein [Champollions] Bild wiederzubeleben, doch ist es mir unmöglich, seinen unsterblichen Genius zu beschwören!«

L'Hôtes Gesundheit war dermaßen angegriffen, daß er eine dritte Expedition nicht lange überstand. 1842 starb er, 37 Jahre alt, in Paris. Der größte Teil seiner ungeheuren künstlerischen Produktion befindet sich unpubliziert im Louvre sowie in der Bibliothèque Nationale in Paris. Immerhin begeisterte die Aufgabe, L'Hôtes Papiere zu ordnen, seinen jungen Verwandten, Auguste Mariette, dermaßen für Ägypten, daß Mariette sich der Ägyptologie widmete. Er wurde zu einer der profiliertesten Gestalten in der Geschichte dieser damals noch jungen Wissenschaft.
Das Grab Ramses' IX. erfreute sich offensichtlich als Wohnung großer Beliebtheit. Nebenstehende Lithographie nach einer Zeichnung von Owen Jones zeigt diesen selbst und seinen Reisegefährten Jules Goury (der später in Ägypten der Cholera erlag), wie sie mit langrohrigen Pfeifen auf niedrigen Diwanen im Grabeingang Siesta halten.

48 Owen Jones: *Im Grab Ramses' V.* (vielmehr: Ramses' IX.), 1832–1833 (aus: *Views on the Nile,* 1843).

Beamtengräber

»Kurz nach der Mittagszeit kamen wir in eine Wüste, die die Nekropole oder Totenstadt war: Der auf seiner schrägen Ebene ausgegrabene Felsgrund läßt drei Seiten eines Quadrates mit regelmäßigen Öffnungen sichtbar werden, hinter denen sich doppelte und dreifache Gänge befinden, die als Begräbnisstätten dienten. Desaix und ich ritten hoch zu Roß ein, überzeugt, in diesen düsteren Zufluchtsorten könnte nichts als Friede und Schweigen wohnen, doch kaum hatten wir uns in das Dunkel dieser Gänge hineinbegeben, als Feinde, die wir nicht zu erkennen vermochten, uns mit Speer- und Steinwürfen angriffen. Dies bereitete unseren Beobachtungen ein Ende.

[Später vertrieben die Franzosen die Grabbewohner.] Von einigen Freiwilligen begleitet, begann ich nun mit meinen Nachforschungen. Ich untersuchte die Grüfte, die wir im Sturm erobert hatten. Ihre Bauweise ließ jeden Prunk vermissen ... Wenn wir nicht auf Gräber, ja sogar auf einige Mumienüberreste gestoßen wären, könnten wir uns verleiten lassen zu glauben, daß es sich hier um Behausungen der primitiven Bewohner Ägyptens handelte ... Im selben Verhältnis, wie die Höhe dieser Grüfte zunimmt, desto reicher wird auch ihre Dekoration ... Die Skulpturen sind insgesamt unvergleichlich viel sorgfältiger ausgearbeitet und weitaus vollendeter, als ich es je in den Tempeln gesehen hatte ... Und ich stand voller Erstaunen vor der hohen Perfektion dieser Kunst und ihrer einmaligen Bestimmung, an Stätten gebunden zu sein, die dem Schweigen und der Dunkelheit geweiht waren ... Ich hielt es für nötig, ein paar Fragmente dieser Basreliefs mitzubringen, um anderen zu zeigen, was mich dermaßen überrascht hatte.«

Vivant Denon: *Voyage* (1802).

»Die Leute von Gournou [Qurna] übertreffen alle anderen Araber an Kniffen und Schlichen und sind die unabhängigsten Menschen in Ägypten. Sie rühmen sich, die letzten gewesen zu sein, deren Unterwerfung den Franzosen gelang, und als sie ihnen schließlich doch unterlagen, zwangen sie sie, jedem von ihnen soviel zu zahlen, wie er für seine Arbeit verlangte – eine Tatsache, die Baron Denon selbst bestätigt ...

... In keinem Land der Welt gibt es Gräber wie diese ... der Eingang, bzw. die Passage, wo sich die Leichname befinden, ist grob aus dem Felsen gehauen, und von der Gangdecke herabrieselnder Sand bewirkte, daß sie praktisch aufgefüllt waren ... Ist man durch diese Gänge, die teilweise zwei- oder dreihundert *yards* [183–274 m] lang sind, ins Innere vorgedrungen, so gelangt man in der Regel zu einem bequemeren Platz, der vielleicht hoch genug ist, so daß man aufrecht sitzen kann. Doch was für ein Platz zum Ausruhen ist dies! Auf allen Seiten umgaben mich Leichname, Haufen von Mumien, die mich, bevor ich mich an ihren Anblick gewöhnt hatte, mit Grauen erfüllten ... Obwohl mir glücklicherweise der Geruchssinn fehlt, konnte ich doch schmecken, daß die Mumien nicht sonderlich delikat waren. Nachdem ich mich einigermaßen von der Anstrengung erholt hatte, die es bedeutete, in einen derartigen Ort eingedrungen zu sein, suchte ich nach einem Platz zum Ausruhen und versuchte, mich hinzusetzen, doch sobald mein Gewicht auf dem Leichnam eines dieser Altägypter ruhte, zerbrach die Leiche wie eine Hutschachtel ... Ich versank ganz und gar zwischen diesen zerborstenen Mumien in einem Wust aus Knochen, Lumpen und Holzkästen, die einen solchen Staub aufwirbelten, daß ich eine Viertelstunde lang unfähig war, mich zu bewegen, und warten mußte, bis er sich wieder gesetzt hatte. Doch konnte ich mich nicht von der Stelle bewegen, ohne noch mehr Staub aufzuwirbeln, und bei jedem meiner Schritte zermalmte ich auf die eine oder andere Weise eine Mumie. Einmal geriet ich durch einen 20 Fuß langen Gang, der nicht breiter war, als daß sich ein Körper gerade hindurchzwängen konnte, von einem derartigen Platz an einen anderen, der ihm glich. Er war vollgestopft mit Mumien, und ich kam nicht hindurch, ohne daß mein Gesicht mit dem irgendeines verwesten Ägypters Bekanntschaft machte. Doch als der Gang sich senkte, half mir mein Körpergewicht. Allein – es ließ sich nicht vermeiden, daß Skelettreste, Beine, Arme und herabrollende Köpfe mich verschütteten ... Ziel meiner Untersuchungen war es, die Ägypter ihrer Papyri zu berauben, von denen ich ein paar an ihren Brustpartien, unter ihren Armen, in der Region oberhalb der Knie oder auf den Beinen verborgen und durch die zahlreichen Tuchwicklungen verdeckt fand, die eine solche Mumie umgeben.«

Giovanni Belzoni: *Narrative* (1820).

Die Gräber der Edelleute unterscheiden sich dadurch von den Königsgräbern, daß sich an ihren Wänden lebensvolle Szenen aus dem altägyptischen Alltagsleben befinden.
Die Höhenzüge westlich des Nils sind wie ein Kaninchenbau von unterirdischen Gängen durchzogen – altägyptischen Gräbern. Einige dieser Gräber sind nichts als einfache Stollen, in denen man in der Spätzeit zahlreiche Tote bestattete. Hier war ergiebiges Terrain für reiche Funde – vor allem entdeckte man hier (nicht selten in die Bandagen zwischen den Beinen der Mumien eingewickelt) Papyri mit jenen Texten, für die sich die Bezeichnung ›Totenbuch‹ eingebürgert hat.

49 Vivant Denon: *Gräber der Edelleute in Theben,* 1798 (aus: *Voyage,* 1802).

Armant
(Hermonthis)

»... Wir legten an diesem Abend zwei weitere Wegstunden zurück, bis wir nach Hermontes kamen. Dort schliefen, und ich für mein Teil war in einem Tempel untergebracht. Abgestiegen, nutzte ich den letzten Schimmer des scheidenden Tageslichtes, um eine Statue des Typhon oder Anubis abzuzeichnen. Dieser war in dem Tempel , wo ich Unterkunft fand, so oft abgebildet, daß ich schloß, die gesamte Anlage müsse ihm geweiht sein. Die Bildwerke zeigen ihn aufrechtstehend mit einem Bauch wie ein Schwein sowie mit Brüsten ähnlich denen der heutigen Ägypterinnen ... Nachts kehrte ich in mein Quartier zurück, den Kopf ganz wirr von der Fülle der Objekte, die in so kurzer Zeit vor meinen Augen vorübergezogen waren.«
Vivant Denon: *Voyage* (1802).

50 Dutertre: *Tempel von Armant (Hermonthis) von Westen*, 1798 (aus der *Description de l'Égypte*).

In Wirklichkeit war der Tempel dem falkenköpfigen Kriegsgott Month geweiht, von dessen Namen die Griechen ihre Namensform der Stadt (Hermonthis) ableiteten (in der Nähe stieß man auf eine riesige Nekropole, wo die mit dem Kult dieses Gottes verknüpften heiligen Buchis-Stiere bestattet waren [Bucheion/Bucheum]. Ausgegraben wurde sie 1927 von Robert Mond und Walter B. Emery). Heute ist kaum noch etwas von dem Tempel übrig, weil man ihn – ebenso wie Antinoupolis (vgl. Seiten 90–91) – niederriß, um Baumaterial für eine in der Nähe errichtete große Zuckerraffinerie zu gewinnen.

51 Edward Hawker: *Ermenth* (Armant) *oder Hermonthis* (5. Februar 1851).

Esna
(Latonpolis)

Vgl. auch Farbtafel XX

»... der Portikus des Tempels von Latopolis [Latonpolis] in Esneh [Esna] ... [ist] voll von Misthaufen, ärmlichen Hütten und Schuppen, die man, so scheint es fast, eigens dort anbrachte, um die Großartigkeit dieses herrlichen Zeugnisses antiker Baukunst voll zur Geltung zu bringen. Dieses Bauwerk scheint mir in seinen Formen der vollkommenste und in seiner Ausführung der reinste aller ägyptischen Tempel und eines der schönsten Baudenkmäler zu sein, dessen sich die Antike rühmen darf.«

Vivant Denon: *Voyage* (1802).

52 Amelia B. Edwards: *Tempel von Esneh* (Esna/Latonpolis), 1874 (aus: *A Thousand Miles up the Nile,* 1877).

»Und das sehen wir hier: einen kleinen Hof, umgeben von Lehmwänden; am jenseitigen Hofende ein verfallenes Tor, hinter dem Tor eine seltsam aussehende, überwältigende Masse gelben Kalkstein-[in Wirklichkeit: Sandstein-]Mauerwerks, lang, niedrig, flach und ungeheuer massig ... Sie erweist sich als der gekehlte Karnies eines mächtigen Tempels – eines Tempels, der weder in Trümmer sank noch abgetragen wurde, sondern bis zum Hals im angehäuften Abfall von rund 20 Jahrhunderten begraben ist ... Von Kapitell zu Kapitell erstreckt sich eine niedrige Brustwehr aus Lehm mit einem hölzernen Geländer. Alles dahinter ist undeutlich, höhlenhaft, rätselvoll – eine große, schattige Wölbung, inmitten derer sich dunkel geisterhafte Schemen zahlreicher Säulen abzeichnen. Von einer Öffnung zwischen zwei dieser Säulen führt eine Flucht aus Ziegeln bestehender Stufen hinab in eine riesige Halle, die so weit unter der Oberfläche der Außenwelt liegt und so düster, so schauererregend ist, daß sie der Eingang zum Hades sein könnte.«

Amelia B. Edwards: *A Thousand Miles up the Nile* (1877).

Der Tempel in Esna (das nach dem heiligen ›Nilbarsch‹ [Latus] *in griechisch-römischer Zeit* Latonpolis *hieß) geht mit seinen Anfängen bis auf die XVIII. Dynastie zurück. Der heute noch sichtbare Tempel entstand allerdings erst unter Ptolemaios VI. Philometor (180–164 sowie 163–145 v. Chr.) und wurde unter verschiedenen römischen Kaisern (insbesondere Claudius, Domitian, Trajan, Hadrian und Decius) erweitert bzw. ausgeschmückt. Die letzte Hieroglypheninschrift stammt aus Kaiser Decius' Regierungszeit (249–251 n. Chr.).*
Mohammed Ali ließ 1842 den Pronaos ausgraben, um das Gebäude als Pulvermagazin zu nutzen. Zum Glück ging die Sache – anders als beim Parthenon auf der Akropolis in Athen – gut. Auf dem heute nicht mehr zugänglichen Dach hinterließen die französischen Soldaten, die auf der Verfolgung der nach Süden geflohenen Mamelucken hier lagerten, zahlreiche Ritzinschriften.

53 J. Jollois und R. E. Devilliers du Terrage: *Rekonstruktion des Portikus-Inneren im Tempel von Esna (Latopolis* [Latonpolis]*) mit Prozession,* 1798 (aus der *Description de l'Égypte*).

Elkâb

»Diesen Abend, am 15. August [1817], hielten wir in El Cab [Elkâb], dem alten Eleethias [Eileithyaspolis]. Die Ruinen liegen am Ostufer des Nils, nicht weit vom Fluß entfernt. Die Stadt war von einer 37 Fuß dicken Mauer aus an der Sonne getrockneten Ziegeln umschlossen. Die von ihr umgebene Fläche kann etwa eine Quadratmeile betragen ... Hinter den Ruinen, in der Flanke des Mockatem, befinden sich mehrere Begräbnisgrüfte, von denen zwei durchaus Beachtung verdienen. Das eine Grab zeichnet sich durch eine in Intaglio-Technik ausgeführte Hieroglyphentafel von außerordentlicher Vollendung aus, das andere ist eine sehr interessante [Grab-]Kammer [mit detaillierten Szenen aus dem Alltagsleben] ... Wir besuchten nun einen kleineren Tempel, der ein wenig nordostwärts in der Ebene liegt. Den Franzosen zufolge wurde in diesem Tempel die Schlange Kneephis verehrt, allerdings fanden wir keinerlei Hinweis auf eine Schlange, der über das in anderen Tempeln Übliche hinausging. Er besteht aus einer einzigen Kammer, die von einer Galerie quadratischer Pfeiler umgeben ist.«

Charles Leonard Irby und James Mangles: *Travels* (1823).

Elkâb war ein sehr bedeutender Ort und lange Zeit Hauptstadt des 3. oberägyptischen Gaues (des ›Festungs‹-Gaues). Innerhalb der massiven Luftziegelmauer des Temenos sind ein paar vereinzelte Züge skulptierter Mauerblöcke alles, was von dem Tempel noch übriggeblieben ist. Die Gräber, von denen oben die Rede ist (und von denen die Abbildung unten eines zeigt), enthalten Inschriften, die zu Altägyptens bedeutendsten historischen Dokumenten zählen. Eines von ihnen, das des ›Kommandanten der Rudermannschaft‹ Ahmose, des Sohnes der Ibana (Abina), gibt eine vollständige Darstellung der Kämpfe, die gegen Ende der XVII. Dynastie (um 1560 bis etwa 1544/1541 v. Chr.) zur Vertreibung der Hyksos führten. Bei dem zweiten der oben erwähnten Gräber handelt es sich um das des Paheri, der ein Enkel Ahmoses war. Der kleine Kiosk bzw. Tempel in der Wüste ist mehr eine Wegkapelle und wurde von Amenophis III. (1390–1352 v. Chr.) errichtet.

54 *Rechts:* Cécile: *Inneres eines großen Grabes bei El Kab* (Elkâb), 1798 (aus der *Description de l'Égypte*).

55 *Gegenüber, oben:* George Alexander Hoskins: *Kleine Kapelle Amenophis' III., El Kab* (Elkâb), 1832–1833.

56 *Gegenüber:* Dutertre: *Der Tempel von El Kab* (Elkâb), 1798 (aus der *Description de l'Égypte*).

Edfu

Vgl. auch Farbtafel XXI

»Alle, die man [in der den Mamelucken nachsetzenden Armee] entbehren konnte, wurden nach Edfu abkommandiert, und ich war mit von der Partie, voller Hoffnung, in aller Ruhe den herrlichen Tempel von Apollinopolis *[Apollonospolis megale]* betrachten zu können, den schönsten Ägyptens und nächst den Tempeln in Theben auch den größten. Zu einer Zeit erbaut, als Kunst und Wissenschaften den Gipfel ihrer glanzvollen Entwicklung erreicht hatten, verrät jeder seiner Teile die gleiche meisterhaft schöne Arbeit. Die Hieroglyphen sind wunderbar ausgeführt, und die Architektur hat einen höheren Rang als die der Bauten Thebens, die man einer früheren Stufe zuzuweisen hat . . . Nichts kann in seiner Schlichtheit schöner sein als diese Umrisse, nichts malerischer als der Ausdruck ihrer Erhabenheit, den die Vielfalt der unterschiedlichen Größenverhältnisse in ihrem Zusammenspiel als harmonisches Ganzes erweckt. Dieses herrliche Bauwerk erhebt sich auf ansteigendem Gelände, so daß es nicht nur seine unmittelbare Umgebung, sondern das gesamte Tal überragt . . .«

Vivant Denon: *Voyage* (1802).

58 Vivant Denon: *Der Tempel von Edfu,* 1798 (aus: *Voyage,* 1802).

»Durch hüttenumsäumte Gassen reitend, gelangten wir auf einen offenen Platz und eine Flucht rohgeformter Stufen vor dem Tempel. Am oberen Ende dieser Treppe standen wir auf dem [Boden-]Niveau des heutigen Dorfes. Unten sahen wir die massive Pflasterung, die das Bodenniveau der antiken Stadt markierte. Von dort unten ragten die Pylone empor, die sogar aus der Ferne noch so groß ausgesehen hatten. Nun erkannten wir: Diese überwältigenden Türme ragten nicht nur an die 75 Fuß [23 m] über unsere Köpfe hinweg, sondern reichten unter unseren Füßen auch noch mindestens weitere 40 Fuß [12 m] in die Tiefe hinab. Vor zehn Jahren war, von den oberen Partien dieser Pylone abgesehen, von dem großen Tempel von Edfoo [Edfu] nichts sichtbar. Der Rest des Bauwerkes war dem Blick entzogen, als ob sich die Erde aufgetan und es verschlungen hätte. Seine Höfe waren von krümeligem Schutt bedeckt, seine mit Skulpturen dekorierten Räumlichkeiten unter 40 Fuß [rund 12 m] Erdreich begraben, sein Terrassendach war ein Irrgarten eng ineinandergeschachtelter Hütten, in dem es von menschlichen Wesen, Geflügel, Hunden, Rindvieh, Eseln und Ungeziefer wimmelte. Dank der aufgeklärten und entgegenkommenden Haltung der gegenwärtigen ägyptischen Regierung konnte Monsieur Mariette diesen Augiasstall ausmisten.«

Amelia B. Edwards: *A Thousand Miles up the Nile* (1877).

Der Tempelkomplex wurde 237 v. Chr. von Ptolemaios III. Euergetes I. (247/6–222/1 v. Chr.) begonnen, den Haupttempel vollendete Ptolemaios VIII. Euergetes II. (170–163 sowie 145–116 v. Chr.), die Pylone fügte dann 57 v. Chr. Ptolemaios XII. Neos Dionysos (der Vater Kleopatras VII.) hinzu. David Roberts Bemerkungen zu seinen Zeichnungen von Edfu: s. Begleittext zu Farbtafel XXI.

57 Gegenüber: David Roberts: *Edfu* (23. November 1838).

Gebel Silsile

»Am nächsten Tage hatte ich mehr Glück: Wir ankerten vor den großen Steinbrüchen, [und diese liegen] in den Bergen, die hier auf beiden Seiten bis an den Nil herantreten. Man bezeichnet diesen Ort als Gebel Silsilis [Gebel Silsile]; er liegt zwischen Etfu [Edfu] und Ombos [Kôm Ombo]. Die Steine aus diesen Brüchen sind von gleichmäßigem Korn und einheitlicher Struktur, und zweifellos verdanken wir es gerade der Güte und Unzerstörbarkeit dieses Materials, daß so ungeheuer zahlreiche Monumente in so ausgezeichnetem Zustand erhalten sind, daß sie auch heute, so viele Jahrhunderte, nachdem man sie schuf, noch immer Bewunderung erregen. Aus der Menge des abgetragenen Materials und der Zahl der Fragmente, die man noch immer in diesen Steinbrüchen herumliegen sieht, läßt sich schließen, daß diese mehrere Jahrtausende in Betrieb waren, und aus ihnen allein stammt wohl das Material für den überwiegenden Teil der Monumente Ägyptens.«

Vivant Denon: *Voyage* (1802).

59 Balzac: *Felsstelen am Schiffslandeplatz bei den Steinbrüchen von Silsileh* (Gebel Silsile), 1798 (aus der *Description de l'Égypte*).

Gebel es-Silsile, die ›Bergkette‹, ist der Name einer Felsschwelle, durch die der Nil sich Bahn bricht. Aus den Steinbrüchen bezog man während der gesamten Dauer des Neuen Reiches den Sandstein für Tempelbauten, unter anderem auch für die meisten Bauwerke in Theben (die Baumeister des Alten Reiches bevorzugten demgegenüber Kalkstein). Zahlreiche Maurermeister und hohe Beamte hinterließen hier Aufzeichnungen, die Aufschluß über ihre Werke geben – Dokumente von einzigartigem historischen Wert. Die seltsame schirm- oder pilzförmige Steinsäule (ganz rechts im Bild), die dort nach jahrhundertelangen Steinbrucharbeiten übrigblieb, steht noch immer, und die paar Nilschiffe, die diesen Punkt anlaufen, legen noch immer – ebenso wie die Franzosen auf diesem Bild – vor den großen Stelen mit den Königsinschriften aus der Zeit der XIX. Dynastie an.

Kôm Ombo

Vgl. auch Farbtafel XXII.

»Auf einem Vorgebirge am Ostufer des Nils liegen hier die Überreste zweier Tempel. Der größere, dem Krokodil geweiht (wie es nach den Opfergaben den Anschein hat, die einer mit dem Kopf dieses Tieres versehenen Gottheit dargebracht wurden) liegt in einiger Entfernung vom Fluß, dem er seine Front zuwendet. Der kleinere [das *Mammisi* links auf der Rekonstruktionszeichnung], der Isis geweiht, liegt dicht am Ufer ... Der große Tempel besteht aus einem Portikus von fünf Säulen vorn und drei Säulenreihen hintereinander, allerdings ist an jeder der äußeren Ecken eine Säule umgestürzt. Das Karnies, von dem nur zwei Teile unversehrt sind, ist mit vier geflügelten Globen [Sonnenscheiben] geschmückt.«

Charles Leonard Irby und James Mangles: *Travels* (1823).

Amelia Edwards fürchtete, Kôm Ombo werde eines Tages für immer vom Erdboden verschwinden, »denn der Nil unterhöhlt das Ufer allmählich und trägt so unten Stück für Stück ab, was die Wüste von oben mit Sand zuschüttet«. Zum Glück erwies sich ihr Pessimismus als grundlos, und der Tempel wurde restauriert. Seine Besonderheit besteht darin, daß er zugleich zwei Triaden (Götterdreiheiten) geweiht ist: einmal der Dreiheit Haroëris (Horus), Tasenetneferet, Panebtaui und zweitens dem Krokodilgott Sobek mit Hathor und Chons. Längs der Tempelachse verläuft eine (freilich nur gedachte) Trennungslinie (daher auch die beiden Tempel-Eingänge). Beiderseits dieser Linie beging man – parallel zueinander – die Rituale der beiden Götterfamilien. An den herrlichen ptolemäischen Kapitellen ist noch viel von der ursprünglichen, frischen Farbe zu erkennen.

60 J. Jollois und R. E. Devilliers du Terrage: *Rekonstruktion der Ansicht des Doppeltempels von Kôm Ombo mit dem Eingangspylon rechts und dem Mamisi* (Mammisi/›Geburtshaus‹) *links,* 1798 (aus der *Description de l'Égypte*).

61 Charles Barry: *Koum Ombos* (Kôm Ombo), 1819.

Assuan

»Die grüne Insel Elephantine, die etwa eine Meile lang ist, liegt Assouan gegenüber und teilt den Nil in zwei Arme. Die Libysche und die Arabische Wüste – sanfte, bernsteinfarbene Sandhänge auf der einen, zerklüftete Granitklippen auf der anderen Seite – treten bis an den Fluß heran. Am libyschen Ufer krönt das Grab eines Scheichs (Schechs) eine Anhöhe, auf der arabischen Seite fällt, ihm gegenüber, ein Fragment maurischer Bauweise, durch dessen geborstene Bögen man den Himmel erblickt, als Blickfang ins Auge. Beide wachen über die Einfahrt zum Katarakt. Unmittelbar unter der maurischen Ruine liegt, vom Fluß durch einen sanft abfallenden Sandstrand getrennt, Assouan.«
Amelia B. Edwards: *A Thousand Miles up the Nile* (1877).

Das Grab des Scheichs, ein kleiner, weißer Kuppelbau, den man auf Edward Lears Skizze in der Ferne erblickt, beherrschte mehr als ein Jahrhundert lang die Silhouette des westlichen Nilufers gegenüber Assuan. Heute hat es – ein wenig weiter im Süden – ein gleichfalls von einer Kuppel überwölbtes Gegenstück: das Mausoleum des Agha Khan, des 1957 gestorbenen geistlichen Oberhauptes der Ismaëliten.

62 Edward Lear: *Assouan* (Assuan), 9. Februar 1854 (Detail).

Steinbrüche von Assuan

»... unterwegs stießen wir auf die Steinbrüche in den Granitfelsen. Von hier nahm man jene Blöcke, die das Rohmaterial der Kolossalstatuen bildeten, welche für so viele Zeitalter Gegenstand der Bewunderung waren und deren Überreste noch immer unser Staunen erregen. Es schien, als ob ihre Schöpfer hier den Massen ein Denkmal setzen wollten, die diese Blöcke fertigten, indem sie Hieroglypheninschriften hinterließen, die möglicherweise festhalten, was einst hier geschah. Das Verfahren, mit dessen Hilfe man diese Blöcke aus dem Gestein löste, muß annähernd dasselbe gewesen sein wie heute, d. h.: man schnitt zunächst einen Spalt und sprengte dann die gesamte Masse mit Keilen unterschiedlichen Formats ab, die alle gleichzeitig eingeschlagen wurden. Die Spuren dieser ersten Arbeitsschritte haben sich in dem widerstandsfähigen Material so frisch erhalten, daß man, wenn man ihrer ansichtig wird, meinen könnte, die Arbeit sei erst gestern unterbrochen worden. Ich fertigte eine Skizze von ihnen an.«

Vivant Denon: *Voyage* (1802).

Beide Vermutungen Denons treffen zu. Die Felsen rings um Assuan bergen zahlreiche Inschriften von Steinmetzen sowie von ägyptischen Expeditionen, die sich auf dem Wege nach Kusch (Nubien/Sudan) befanden. Sämtliche Obelisken stammen aus den Steinbrüchen von Assuan, wo sie jeweils in einem Stück gebrochen wurden. Ein solcher Obelisk, der infolge eines Risses im Granit barst, liegt noch hier: der sogenannte ›unvollendete Obelisk‹. Man schätzt sein Gewicht auf rund 1000 Tonnen. Weitere unvollständige Objekte – eine Kolossalstatue und ein Sarkophag – liegen draußen in der Wüste.

63 Vivant Denon: *Steinbrüche bei Aswan* (Assuan), 1798 (aus: *Voyage*, 1802).

Elephantine

»Ungefähr auf der Mitte der Insel liegt der kleine Tempel, von dem heute nur noch eine Säule, fünf quadratische Pilaster und ein Teil der Cella-Seitenwand übrig sind ... Das ganze ist von plumper Bauweise ...«
Charles Barry: Tagebuch, 12. Dezember 1818.

Auch Denon zeichnete diesen Tempel, einen der kleineren auf dieser Insel, praktisch vom selben Blickpunkt aus. Barrys Ansicht über ihn teilte er jedoch nicht, vielmehr erwähnte er die »sehr gut geschnittenen und gut erhaltenen Hieroglyphen in Relieftechnik« und fährt fort: »Ich kopierte eine ganze Seite der Abbildungen im Inneren ... die ihr entsprechende Gegenseite scheint nahezu eine Wiederholung desselben Textes zu sein ... Die Gesamtansicht dieses kleinen Bauwerks vermittelt einen Begriff von seiner Bedeutung und seinem vorzüglichen Erhaltungszustand.« Als 1828/29 Champollion in Ägypten war, konnte er Mohammed Alis Chefdolmetscher nur noch voller Bedauern darauf hinweisen, daß dieser kleine und noch ein anderer Tempel auf Elephantine erst jüngst vom Erdboden verschwunden waren.

64 Charles Barry: *Tempel auf der Insel Elephantina* (Elephantine) *nahe den ersten Katarakten* (dem Ersten Katarakt), *Oberägypten* (1818).

Nubien

Philai
(Philae)

Vgl. auch Farbtafeln XXIV–XXVI

»Der Anblick der Insel Philoe [Philai/Philae] und ihrer Ruinen ist wahrhaft grandios, besonders aus einiger Entfernung, obwohl sie außergewöhnlich kahl ist [Farbtafel XXIV]. Sie ist allseitig von Granitfelsen umgeben, die teils zum Ufer, teils zu anderen Inseln gehören. Der Stil der Hieroglypheninschriften beweist, daß das Bauwerk auf ihr der letzten Ära der ägyptischen Nation angehört: meiner Meinung nach stammt es aus der Ptolemäerzeit . . . Es gibt auch andere Beweise dafür, daß es sich bei diesem Tempel um ein verhältnismäßig junges Bauwerk handelt, das aus dem Material eines älteren Gebäudes errichtet wurde. In einer der Säulen gegenüber dem Tor des Portikus, das zum Allerheiligsten führt, befindet sich ein Stein mit auf den Kopf gestellten Hieroglyphen. Einen zweiten Stein dieser Art erblickt man in der selben Säule an der Westseite in Bodennähe . . . Ich kann mir die Bemerkung nicht versagen, daß diese Insel die großartigste Gruppe von Ruinen darstellt, die ich je auf so engem Raum beisammenfand. Diese gesamte Insel, deren Länge nicht mehr als 1000 Fuß und deren Breite weniger als 500 Fuß beträgt, ist reichlich mit Ruinen bedeckt, und von den anderen kahlen Inseln getrennt, die sie in einiger Entfernung umgeben, nimmt sie sich ganz prachtvoll aus.«
Giovanni Belzoni: *Narrative* (1820).

65 *Unten:* Edward William Cooke: *Philae* (Philai), *Nubien* (21. Dezember 1874).

66 *Gegenüber:* L. M. A. Linant de Bellefonds: *Großer Isistempel, Philae* (Philai), *vom Südrand der Insel aus gesehen.*

Mit seinem Isistempel und dem von Kaiser Trajan errichteten Kiosk ist Philai eine der heiligsten Stätten Ägyptens und ganz sicher eine der am meisten abgebildeten. Ab 1902 vom ersten Assuan-Staudamm unter Wasser gesetzt und durch den Bau des neuen Hochdammes ganz und gar zum Untergang verurteilt, wurden die Bauwerke der Insel abgetragen und auf der nahegelegenen, freilich etwas kleineren Insel Agilkia in sicherer Höhe über dem Nil-Wasserstand neuerrichtet. 1980 wurde das neue Philai in aller Form Besuchern wieder zugänglich gemacht.

»Der nächste Tag war der schönste meiner gesamten Reise. Innerhalb von rund 500 Metern hatte ich sieben oder acht Monumente zur Verfügung, die ich in aller Muße untersuchen konnte, denn ich hatte keinen jener ungeduldigen Gefährten an meiner Seite, die stets glauben, genug gesehen zu haben, und einen stets drängen, weiterzugehen, keine Trommel dröhnte mir in die Ohren, die das Signal zum Antreten und Weitermarsch gab, kein Araber, keine einheimischen Bauern belästigten mich. Ich war allein in ungetrübter Muße und konnte zeichnen, ohne daß mich jemand störte. Dies war mein sechster Besuch auf Philae, die ersten fünf Male hatte ich die Ansichten der benachbarten Uferpartien festgehalten.«

Vivant Denon: *Voyage* (1802).

Auf beiden Bildern befinden sich der ptolemäische Isistempel links und Trajans Kiosk rechts (vgl. Farbtafel XXVI und Abb. 67). Cookes Zeichnung läßt auch den kleinen Pavillon an der Südseite der Insel erkennen, der im 4. Jahrhundert v. Chr. von Nektanebos II. (360–342 v. Chr.), dem letzten einheimischen Pharao Ägyptens, erbaut wurde. Zwischen ihm und dem ersten Pylon erblickt man auf Linants Darstellung die von Augustus errichtete Kolonnade, deren rechte Säulenreihe nie vollendet wurde. Im Vordergrund die Ruinen des Arensnuphis-Tempels, dessen als Innendekoration gedachte Reliefs unter freiem Himmel liegen. Der Pylon weist die traditionellen Darstellungen des Pharao auf, der Kriegsgefangene tötet und verschiedenen Gottheiten Opfer darbringt. Bei diesem Pharao handelt es sich, ebenso wie in Edfu, um Ptolemaios XII., den Vater Kleopatras VII.

Farbtafeln XXIII–XXVI

XXIII. A. C. T. E. Prisse d'Avennes: *Nubisches Mädchen neben Ruinen am Nil.*

Dieses bezaubernde Capriccio zeigt eine junge Nubierin, zu ihren Füßen ein Steinblock mit einer altägyptischen Hieroglypheninschrift, neben ihr ein römischer Grabstein, und im Hintergrund erkennt man einen Nilkatarakt. Viele Maler waren von der natürlichen Anmut der Nubier, insbesondere der nur spärlich bekleideten Nubierinnen, hellauf begeistert. Roberts verdanken wir mehrere Nubier-Studien. Er zeichnete seine Nubier allein, in Gruppen oder gab sie Darstellungen nubischer Baudenkmäler als Vergleichsmaßstab bei. Die Inschrift auf dem Grabstein, auf den sich die junge Frau stützt, gilt angeblich einem römischen Soldaten namens Aemilius Gaius von der XXIV. Legion, einem der vielen, die im Dienste Roms starben, nur – die XXIV. Legion war niemals in Ägypten!

XXIV. David Roberts: *Gesamtansicht der Insel Philae* [Philai], *Nubien*, aus: *Egypt and Nubia* (1846–1850).

»Der Blick schweift über eine Ansammlung von Tempeln, und das in üppiges Grün gebettete Inselchen ist mit Marmor übersät, der in jeder den Künstlern des Altertums geläufigen Weise formschön bearbeitet wurde. Über zu Boden gesunkenen Säulen wehen die Wipfel von Palmen, deren Grün sich mit den Farben von Akazienblättern und -blüten mischt. Rings um die Insel strömt der klare, schimmernde Fluß, und auf ihrem Steilufer liegt der heute als Pharaonenbett bezeichnete alte Osiristempel. Jenseits des Stromes bedecken Flecken grüner Vegetation im Wettstreit mit Streifen von Wüstensand sowie Palmen, Felsen und Dörfern das Land. Ganz im Hintergrund erhebt sich wie ein düsterer Rahmen für diese paradiesische Szenerie die zerklüftete Kette der ›Goldenen Berge‹ von Hemeceuta. Die Insel Philae galt als die heiligste Stätte der von Ägypten beherrschten Länder ...«

William Brockedon: Anmerkung zu David Roberts, *Egypt and Nubia* (Ausgabe von 1855/56).

Das Bild zeigt den Blick von der heute unter Wasser stehenden Insel Bigge. Die Bauten der Insel Philai wurden auf die benachbarte (nicht überschwemmte) Insel Agilkia verlegt. Den Tempel betritt man zwischen den Säulenreihen (rechts) und durch den ersten Pylon (Mitte, vor dem Belzoni jenen Obelisken fand, der sich heute in Kingston Lacy, Grafschaft Dorset/England, erhebt). Im Hintergrund erkennt man das ›Pharaonenbett‹. Zwischen dem ersten und zweiten Pylon das sogenannte Mamisi (›Geburtshaus‹) des Horus. Der eigentliche Isistempel mit seiner Säulenhalle (Pronaos, XXV) und seinem Allerheiligsten (Naos) liegt erst hinter dem zweiten Pylon.

XXV. David Roberts: *Blick in die Große Säulenhalle, Philae*, aus: *Egypt and Nubia* (1846–1850).

Roberts liebte Blicke in schattige Kolonnaden wie hier im Isistempel von Philai ganz besonders und machte ähnliche Studien in den meisten bedeutenderen Tempeln Ägyptens.

XXVI. David Roberts: *Der als Bett des Pharao bezeichnete dachlose Tempel auf Philae*, aus: *Egypt and Nubia* (1846–1850).

»... wir gehen am steilen Ufer entlang und kommen dicht an dem schönen, kleinen, unüberdachten Tempel vorbei, der allgemein als Pharaos Bett bekannt ist – jenem Tempel, der so oft gemalt, so oft photographiert wurde, daß jeder Stein von ihm ebenso wie die Plattform, auf der er steht, sowie die Wedel der Palmen, die sich um ihn drängen, von Kindheit an unserem geistigen Auge ebenso vertraut ist wie die Sphinx oder die Pyramiden.«

Amelia B. Edwards: *A Thousand Miles up the Nile* (1877).

Der vom Volksmund ›Bett des Pharao‹ genannte Kiosk des (römischen) Kaisers Traian (Regierungsjahre: 98–117 n. Chr.) ist fast eine Art Zusammenfassung der altägyptischen Architektur, und doch ist er, strenggenommen, romano-ägyptisch. Von Kaiser Traian begonnen, blieb er unvollendet.

XXIII

XXIV ▷

◁ XXV

XXVI

XXVII

XXVIII

XXIX

Farbtafeln XXVII–XXX

»Unmittelbar vor dem Propylon standen einst zwei schöne Kolossalstandbilder [Ramses' II.] ... Diese Statuen sind beide umgestürzt, doch unser Künstler hat eine davon stehend abgebildet, um die Symmetrie ihrer Form zu zeigen.«
William Brockedon: Anmerkung zu David Roberts, *Egypt and Nubia* (Ausgabe von 1855/56).

XXVII. David Roberts: *Koloß vor dem Tempel von Wadi Saboua* [Wadi es-Sebua], *Nubien*. Aus: *Egypt and Nubia* (1846–1850).
Zu Wadi es-Sebua: vgl. Seite 171.

»Frühmorgens am 1. August gingen wir in dem Hochgefühl zum Tempel, eine neuentdeckte Stätte zu betreten. Wir gaben uns alle erdenkliche Mühe, den Eingang zu erweitern, doch unsere Mannschaft war nicht wie sonst bei uns ... Tatsächlich hatte sie den *kachefs** versprochen, sich etwas einfallen zu lassen, um uns am Vorankommen zu hindern, falls wir die Eingangspforte finden sollten. Doch selbst dies alles half nichts. Schon bald hatten wir die Passage erweitert und betraten die schönste und ausgedehnteste Ausgrabung Nubiens.
Beim ersten Blick sahen wir: Es mußte ein großer Raum sein, den wir betreten hatten. Doch unser Erstaunen wuchs, als wir merkten, daß wir uns in einem denkbar großartigen Tempel befanden, voll herrlicher Reliefs, Malereien, Kolossalstandbilder und dergleichen mehr ... Die Hitze im Tempelinnern war so gewaltig, daß wir kaum einige Zeichnungen anfertigen konnten, schwitzten unsere Hände doch dermaßen, daß das Papier sofort feucht wurde. Deshalb überließen wir es künftigen Reisenden, diese Arbeit durchzuführen, die es vielleicht bequemer haben werden, wenn das Tempelinnere erst einmal ausgekühlt sein wird.«
Giovanni Belzoni: *Narrative* (1820).

XXVIII. Giovanni Belzoni: Außenansicht der beiden Tempel von Ybsambul [Abu Simbel] (1820).

XXIX. Giovanni Belzoni: *Innenansicht des 1818* [vielmehr 1817] *von G. Belzoni geöffneten Tempels von Ybsambul* [Abu Simbel] *in Nubien* (1820).

XXX. L. M. A. Linant de Bellefonds: *Ausgrabung des Großen Tempels Ramses' II. in Abu Simbel. Februar 1819.*

Belzonis Zeichnung, die den Tempel aus größerer Entfernung zeigt, läßt die ungeheure Sandanwehung zwischen dem Tempel Ramses' II. und dem Kleinen Tempel erkennen, die die Kolossalskulpturen des Südtempels verdeckte und seinen Eingang blockierte. Belzoni betrat das Tempelinnere am 1. August 1817 in Begleitung von Irby, Mangles und Henry Beechey (vgl. Seite 174). 1818/19 setzte Henry Salt die Freilegungsarbeiten fort, eine ungeheure Aufgabe voller Probleme durch den ständig nachrutschenden Sand, den man hier seitlich des Einganges durch eine Palisade von Palmstämmen fernzuhalten suchte. Erst in dieser Phase der Arbeiten wurde klar: die vier Kolossalfiguren waren Sitz- und keine Standbilder.

* Repräsentanten der Staatsgewalt mit weitgehenden Vollmachten im Bereich des Polizei- und Steuerwesens *(Anmerkung des Übersetzers).*

67 Owen Jones: *Schiffslandeplatz, Philoe* (Philai), *Oberägypten* (1832/ 1833).

»Sowie das Boot zwischen schimmernden Geröllsteinen näher gleitet, ragen diese mit Reliefs bedeckten Türme immer höher und höher gen Himmel. Sie lassen kein Zeichen des Verfalls oder Alters erkennen. Alles wirkt solide, stattlich, vollkommen. Für den Augenblick vergißt man, daß sich irgend etwas geändert hat. Wenn durch die Stille der Klang einer antiken Hymne an unser Ohr dränge, wenn durch die Palmen und Pylone eine Prozession weißgekleideter Priester den verhüllten Schrein der Gottheit trüge – wir fänden es keineswegs verwunderlich.«

Amelia B. Edwards: *A Thousand Miles up the Nile* (1877).

Früher zerbrachen sich Historiker und Ägyptologen die Köpfe, warum Herodot, als er im 5. Jahrhundert v. Chr. Assuan besuchte, Philai nicht erwähnte. Man ging damals davon aus, daß die dortigen Monumente zur Zeit seines Besuches bereits existiert haben müßten. Heute wissen wir demgegenüber, daß auf der Insel damals noch keine Tempel standen. Die meisten Baudenkmäler, die sich auf ihr befinden, stammen vielmehr aus der Ptolemäerzeit. Einer der letzten altägyptischen Tempelkomplexe, der je erbaut wurde, war Philai zugleich der letzte Ort, wo man die altägyptische Religion noch praktizierte. Erst der byzantinische Kaiser Justinian (527–565 n. Chr.) schloß den Tempel endgültig.

Debod

»Freitag, 8. August [1817]. Zur Mittagszeit besichtigten wir den Tempel in Daboude [Debod]. Er liegt etwa 200 *yards* vom Flußufer entfernt und ist ganz und gar unfertig. Man betritt ihn durch drei Portale, dann kommt der Tempel. Er besteht aus einem Portikus zu vier Säulen mit einer Zwischenmauer, die bis zur halben Höhe der Säulen hinaufreicht. Im Innern liegen zwei Kammern und ein Sanktuar. Das letztgenannte enthält zwei hübsche, aus jeweils einem einzigen Steinblock gearbeitete Behältnisse aus rotem Granit zwischen sechs und sieben Fuß hoch sowie etwa 4 Fuß breit; dies sind die einzigen Gegenstände von Interesse, die der Tempel enthält.«

Charles Leonard Irby und James Mangles: *Travels* (1823).

»... trafen gegen 1 Uhr in Debodé ein, wo wir Mr. Salt und seine gesamte Begleitung sehr beschäftigt im Tempel vorfanden ...«

Charles Barry: Tagebuch, 17. Dezember 1818.

68 David Roberts: *Tempel im Wady Dabod* (Wadi Debod), *Nubien* (aus: *Egypt and Nubia*, 1846–1850).

Dieser kleine Tempel ist griechisch-römischen Datums. Im Zuge der Rettungsaktion für die Denkmäler Nubiens gestattete die ägyptische Regierung, ihn abzutragen und auf einer Anhöhe im Stadtpark der spanischen Hauptstadt Madrid wieder aufzubauen. Ein künstliches Wasserbecken deutet dort auf seinen früheren Standort hin.

69 John Gardner Wilkinson: *Kiosk von Kertassi,* (?) 1821.

Kertassi

»Er steht da wie nicht abgeholt vor dem tiefblauen Himmel, und man hat den Eindruck, als ob die Hand dessen, der ihn zerstörte, gerade erst innegehalten hätte. Wegen des völligen Fehlens jeglicher Feuchtigkeit klingen die nackten Steine, wenn man an sie schlägt, wie eine Glocke.«

David Roberts: Tagebücher, zitiert in *Egypt and Nubia* (1846–1850).

Dieser anmutige kleine Kiosk mit seinen Hathorsäulen erhebt sich auf einem Felsplateau über dem Westufer des Nils. Er erinnert an den Kiosk Hadrians auf Philai (Abb. 67) und wurde von Reisenden oft skizziert. Heute steht er nicht mehr an seinem ursprünglichen Platz, sondern mußte wegen der steigenden Fluten des neuen Stausees an einen höhergelegenen Standort – allerdings unweit des alten – verlegt werden.

Taffa

»In Tafah gibt es zwei kleine Tempel. Einer ist eine malerische Ruine, der andere ist vollständig erhalten und dient heute als Stall . . . Tafah liegt zauberhaft, und die sieben Meilen, die es von Kalabsheh [Kalabscha] trennen – einst ohne Zweifel die Szenerie eines Kataraktes – sind vielleicht die malerischsten auf dieser Seite des Wady Halfeh.«

Amelia B. Edwards: *A Thousand Miles up the Nile* (1877).

Beide kleinen Tempel in Taffa entstanden während der römischen Kaiserzeit (ihr genaues Entstehungsdatum ist unbekannt). Zur ›malerischen Ruine‹ wurde der südliche um 1870, der andere, ›vollständig erhaltene‹, verblieb an seinem Standort bis zur großen Tempelrettungskampagne, die im Wettlauf mit dem Bau des neuen Assuan-Hochdammes und dem Anstau des Nasser-Sees während der sechziger Jahre stattfand. 1961 erhielt die Schweiz den Auftrag, den Tempel abzutragen (die 657 Sandsteinblöcke lagerte man – numeriert – auf der Insel Elephantine). 1969 machte man das Bauwerk den Niederlanden zum Geschenk, 1971 wurden die Blöcke abtransportiert, und 1977 errichtete man den Tempel erneut – nun auf dem Innenhof des Rijksmuseum van Oudheden *(des ›Reichsmuseums für Altertümer‹) in Leiden.*

70 Edward Hawker: *Tafa* (Taffa), Januar 1851.

Kalabscha

Wie es scheint, geht dieser Tempel, der sich an der Stätte des antiken Talmis erhob, bis auf Amenophis II. (XVIII. Dynastie) zurück, doch was die Reisenden des 19. Jahrhunderts sahen, stammt aus ptolemäischer und frührömischer Zeit. Der Tempel war einer Gottheit geweiht, die die Griechen Mandulis nannten – einem nubischen Fruchtbarkeitsgott. Besonders wichtig: eine von Irby und Mangles zwar erwähnte, aber nicht kopierte Inschrift eines Silko, eines Königs der Nobaden um die Mitte des 6. Jahrhunderts n. Chr., die von Kämpfen gegen die nomadischen Blemmyer berichtet. Nicht lange danach war Nubien völlig christianisiert.
Dieser Tempel war der zweitgrößte Nubiens. Nur Abu Simbel übertraf ihn. Im Zuge der großen Tempelrettungsaktion wurde er von westdeutschen Archäologen und Ingenieuren auf das Felsplateau von Khor Ingi verlegt, das nur wenig im Süden des neuen Assuan-Hochdammes den Nasser-Stausee im Westen überragt. Beim Abbruch des Tempels fand man in den Mauerkern verbaute Blöcke älterer Tempelbauten. Sie ergaben unter anderem ein Tempeltor, das – 1962 entdeckt – der Bundesrepublik Deutschland zum Geschenk gemacht wurde. Es kam im Mai 1973 via Alexandrien – Hamburg nach Berlin (West) und steht heute im Ägyptischen Museum in Berlin-Charlottenburg (vis-à-vis dem Charlottenburger Schloß).

»Diesen Abend trafen wir in Kalapshe [Kalabscha] ein, und da wir einige Zeit warten mußten, während unser Janitschar für Verpflegung sorgte, gingen wir den Tempel besichtigen, obwohl wir beschlossen hatten, sämtliche Altertümer [erst] bei unserer Rückkehr vom 2. Katarakt zu besuchen. Die Ruinen dieses Bauwerkes sind groß und grandios, doch wurde es nie vollendet: es besteht aus einer weiten peristylen Halle (deren Säulen meist umgestürzt sind, viele sind auch unfertig geblieben), zwei Kammern und einem Sanktuar. Die Außenwände sind dekorlos, man hat nicht einmal begonnen, sie mit Reliefs zu bedecken, und [auch] innen ist er noch nicht fertiggestellt, denn nirgendwo gibt es Stuckdekor oder Malerei. Am Flußufer gab es erst einen Kai und dann eine Treppe, die zum Tempel führte. Die Vermessungen und alles weitere hoben wir uns bis zu unserer Rückkehr auf. Die äußere Halle wies im Inneren verschiedene griechische Inschriften auf, einige von ihnen in erträglicher Perfektion.«
Charles Leonard Irby und James Mangles: *Travels* (1823).

Zu ihren Vermessungen kamen Irby und Mangles nie, denn als sie zusammen mit Belzoni aus Abu Simbel zurückkehrten, zeigten sich die einheimischen Bewohner von Kalabscha von einer sehr unliebenswürdigen Seite: »Als wir [vom Ufer] abstießen, bewarfen sie uns mit Steinen. Wir schossen eine Muskete über ihren Köpfen ab, um ihnen zu zeigen, daß es uns an Munition nicht fehlte. Allerdings zogen wir es vor, von unseren Waffen keinen Gebrauch zu machen, bevor dazu nicht wirklich Notwendigkeit bestand.«

71 Charles Barry, *Kalaptchie* (Kalabscha), Dezember 1818.

»Doch wenn die Dekoration in dem Raum, wo sich die Caesaren zu zeigen pflegten, auch nur entfernt der des Tempels von Kalabscha entsprach, dann hatten sie einen denkbar schlechten Geschmack. Einen derartigen Maskenball von Gottheiten, derartig gestreifte, gepunktete und mit Karrees verzierte Gewänder, derart greulichen Kopfputz sowie eine dermaßen undelikate, ja schmerzende Farbgebung sahen wir noch nie. Was die weiblichen Gottheiten angeht, so sind sie geschmackloser herausgeputzt als die Tanzdirnen von Luxor, und die Könige balancieren Diademe aus Hörnern, Monden, Vögeln, Kugeln, Käfern, Lotusblumen, Nattern, Vasen und Federn auf dem Kopf. Und doch fehlt es dem Gesamtplan des Tempels nicht an Größe. Er ist das Karnak Nubiens, doch ein Karnak, das offensichtlich von einem Erdstoß heimgesucht wurde, der sehr viel schwerer war als jener, der die mächtigen Säulen der hypostylen Halle [des ›Säulensaals‹] zu Karnak erschütterte und den Obelisken der Hatasu [Hatschepsut] zu Fall brachte. Vom Fluß aus sieht er [der Tempel von Kalabscha] wie eine riesige Festung aus, doch von der Schwelle des Haupttores aus betrachtet, ist er eine Trümmerwüste. Umgestürzte Blöcke, Säulen, Kapitelle, Steingebälk – alles so ungewöhnlich übereinandergetürmt, daß es in all diesen Hallen und Höfen nicht einen Punkt gibt, wo man seinen Fuß auf das Niveau der ursprünglichen Bodenplatten setzt.«

Amelia B. Edwards: *A Thousand Miles up the Nile* (1877).

Dendur

»In Dendoor [Dendur] besuchten wir bei Sonnenuntergang, während sich allmählich ein köstliches Dämmerlicht über das Tal breitete, einen winzigen Tempel am Westufer. Umgeben von einer Umfassungsmauer überragt er den Fluß. Er besteht aus einem einzigen Pylon, einem Portikus, zwei kleinen Kammern und einem Sanktuar. Das Ganze ist wie ein kostbares Spielzeug – so von Skulpturen bedeckt, so ansprechend, so neu aussehend, so wunderbar gebaut. Betrachtet man ihn im Zwielicht zwischen scheidender Sonne und hereinbrechender Nacht, so spielt es keine Rolle, daß diese so eleganten Basreliefs das Werk einer Dekadenzphase der Bildhauerei [d. h.: römischen Datums] sind. Das rosenfarbene Dämmerlicht nach einem ägyptischen Sonnenuntergang deckt eine Menge Sünden zu und taucht alles in eine Atmosphäre voller Romantik.«
Amelia B. Edwards: *A Thousand Miles up the Nile* (1877).

72 Edward Hawker: *Dendour* (Dendur), 18. Januar 1851.

Wie Philai war Dendur nach dem Bau des ersten Assuandammes einen großen Teil des Jahres überflutet und wäre durch den Hochdamm zerstört worden. Daher wurde es 1963 im Auftrage der ägyptischen Regierung abgetragen, und man beförderte seine sorgfältig numerierten und entsprechend markierten Sandsteinblöcke, so porös sie auch waren, auf Booten nilabwärts, um sie auf der Nilinsel Elephantine zu stapeln. Hier lagerten die Blöcke während der nächsten fünf Jahre. 1965 bot Ägypten den Tempel den USA an – als Dank für die finanzielle Unterstützung, die die USA der Tempelrettungsaktion hatten angedeihen lassen, und nach harter Arbeit konnte das Bauwerk in dem inzwischen eigens errichteten Sackler-Flügel des Metropolitan Museums in New York wiedererrichtet werden.

73 David Roberts: *Ausgegrabener Tempel von Gyrshe* (Gerf Husên), *Nubien* (aus: *Egypt and Nubia*, Ausgabe 1855–1856).

74 Frederick Catherwood: *Guerfeh Hassan* (Gerf Husên) *Nubien* (1835 nach einer Zeichnung aus dem Jahre 1824 gemalt).

Gerf Husên

»... man nähert sich dem Tempel durch die Ruinen eines davorgesetzten Portikus und eine Allee zerschmetterter Kolossalstatuen. Das Tempelinnere ist ein düsterer Ort, sozusagen eine bescheidenere Ausgabe des großen Tempels von Aboo Simbel, mit dem dieser Tempel gleichalt ist. Er besteht aus einer von Osirispfeilern getragenen ersten Halle, einer zweiten, kleineren Halle mit quadratischen Säulen, einem rauchgeschwärzten Sanktuar und zwei Nebenkammern. Die ohne das Gebälk zu ihren Häuptern oder die Sockel zu ihren Füßen 20 Fuß hohen Kolossalfiguren sind untersetzt, krummbeinig und mißgestaltet. Ihre Gesichter waren, wie es scheint, ursprünglich wohl von schwarzer Farbe bedeckt, während die [Kolossalstatuen] der Allee draußen deutlich äthiopische Züge aufweisen. Man ist hier wohl, wie in Derr und Wady Sabooah [Wadi es-Sebua], der Arbeit provinzieller Bildhauer auf der Spur ...«

Amelia B. Edwards: *A Thousand Miles up the Nile* (1877).

Dieser unter Ramses II. errichtete Felsentempel hatte darunter zu leiden, daß man ihn stets mit Abu Simbel (Abb. 79, 80) verglich. Und doch ist er ein eindrucksvolles Bauwerk.

ed-Dakka

»Am Nachmittag des nächsten Tages kamen wir in Dakka an ... der Tempel steht etwa 100 *yards* vom Fluß entfernt und hat ein sehr elegantes Aussehen. An der Außenwand gibt es keine Hieroglyphen, doch das Innere ist mit reizvollen Darstellungen in Basrelief geschmückt. Es gliedert sich in Pronaos [Vorraum, Vestibül], Adyton [wörtlich: das Unzugängliche, Unbetretbare, hier ein Querraum] und Cella [Allerheiligstes]. An der Westseite des Adyton führt eine Treppe auf das Tempeldach, und im Osten [befindet sich] ein kleiner Raum mit ungewöhnlich schön ausgeführten Darstellungen. Die Wände der Cella sind vorzüglich mit Abbildungen religiöser Prozessionen bedeckt ... Die Tempelfassade ist nach Norden gewandt, und in einer Entfernung von 48 Fuß erhebt sich ein Propylaion, dessen Tor dem Pronaos-Eingang gegenüberliegt. Die isolierte Lage dieses Bauwerkes macht es für den Reisenden noch anziehender, da es durch kein anderes Gebäude in unmittelbarer Umgebung beeinträchtigt wird.«

Giovanni Belzoni: *Narrative* (1820).

75 Edward Lane: *Tempel von Dakka* (um 1827).

»Von dem Tempel will ich nur sagen, daß er, was das Mauerwerk angeht, besser zusammengefügt ist als irgendein Bauwerk der XVIII. oder XIX. Dynastie, das ich kenne. Die Skulpturen jedoch sind schrecklich. Derartig mißgestaltete Hieroglyphen, derart gedrungene, grinsende Gottheiten, derartig clowneske Könige mit dermaßen albernen Kopfbedeckungen sahen wir bisher noch nie. Kurz – das Ganze ist, vom Skulpturenstil her, schon nicht mehr ptolemäisch ptolemaisierend.«

Amelia B. Edwards: *A Thousand Miles up the Nile* (1877).

Offensichtlich waren Amelia Edwards und Belzoni nicht einer Meinung, was die Reliefs in ed-Dakka angeht. Bereits unter der XVIII. Dynastie gegründet, wurde dieser Tempel in der Ptolemäer- und Römerzeit weitgehend umgebaut. In der letztgenannten Periode fügte man das Allerheiligste und den Pylon hinzu. Die Reliefs des Sanktuars sind besonders unbeholfen, und dies rief wohl Amelia Edwards' heftige Reaktion hervor. Inzwischen wurde der Tempel an einen sicheren Platz bei Wadi es-Sebua verlegt.

Wadi es-Sebua

»... Wir kommen am Nachmittag nach Wady Sabooah [Wadi es-Sebua], wo ein einsamer Tempel verschüttet im Sande liegt. Einst näherte man sich ihm durch eine Allee von Sphingen und Kolossalstatuen, die aber heute zerschmettert und vom Sande begraben sind. Das Dach des Pronaos, wenn dieser denn je überdacht war, existiert heute nicht mehr. Die inneren Hallen und das Allerheiligste – alle aus dem Felsen gehauen – sind zugeschüttet und unpassierbar. Nur der Pylon steht frei vom Sande, und so massiv er ist, sieht er doch aus, als ob ein einziger Stoß eines Rammbocks ihn niederrisse.«

Amelia B. Edwards: *A Thousand Miles up the Nile* (1877).

76 Frederick Catherwood: *Tempel von Sabooa* (Wadi es-Sebua), *Nubien* (10. Februar 1824).

Wadi es-Sebua ist ein schöner Tempel, den Ramses II. für Amun, Rê-Harachte und sich selbst errichten ließ. In frühchristlicher Zeit verwandelte man ihn in eine Kirche, wobei viele der Reliefs mit Putzbewurf überzogen und Fresken christlichen Inhalts angebracht wurden. In der Nische an der Rückwand des Heiligtums sitzen drei verstümmelte Statuen: in der Mitte Ramses, flankiert von den beiden Gottheiten, die zusammen mit ihm hier verehrt wurden. Die Abbildungen an den Wänden beiderseits der Nische zeigen den Pharao, wie er sich selbst Blumenopfer darbrachte. Allerdings brachten die Frühchristen über seiner verstümmelten Statue ein Fresko an, das den Apostel Petrus mit dem Himmelsschlüssel zeigt. Er ist es nunmehr, dem Ramses Blumen zu opfern scheint.

Mit vereinten Kräften trugen ägyptische, französische und Schweizer Techniker diesen Tempel ab und verlegten ihn an einen höhergelegenen Standort in unmittelbarer Nähe des früheren.

Amada

»... trafen in Amada am jenseitigen Nilufer in etwa 1 ½ Stunden ein und verfügten uns unverzüglich zum Tempel – der Plan ist anders als bei jedem Tempel, den wir bisher sahen – zur Zeit besteht er aus einem kleinen Portikus oder Eingang vor dem Pronaos, den 12 Pilaster und 4 Säulen bilden; von den erstgenannten stehen je vier neben- und je drei hintereinander, die letztgenannten bilden dahinter unmittelbar vor der Cella eine Reihe. Überdacht wird er von langen, dicken Steinen, die auf dem Friese oberhalb der Pilaster und Säulen liegen .. «

Charles Barry: Tagebuch, 12. Januar 1819.

Amada wurde unter Thutmosis III. und Amenophis II. im 15. Jahrhundert v. Chr. errichtet. Später versahen die Kopten den Tempel mit Ein- und Anbauten. Dabei überzogen sie die feinen Reliefs mit Stuck und Farbe und bewahrten so ungewollt viel von der ursprünglichen Farbgebung. Gerade deshalb aber warf der Tempel, als man ihn vor den steigenden Fluten des Nasser-Stausees zu retten suchte, Probleme eigener Art auf: Um die Reliefs zu schonen, verluden französische Techniker das mehr als 800 Tonnen wiegende Bauwerk unzerlegt auf Schienen und verfrachteten es so mit Seilwinden ›in einem Stück‹ an einen sicheren neuen Standort.

77 Charles Barry: *Amada in Nubien* (Januar 1819).

ed-Derr

»Der hiesige Tempel stammt zwar aus der Regierungszeit Ramses' II., ist aber seinem Plan nach plump und uninteressant in der Ausführung. Teils freistehend erbaut, teils aus dem Felsen gehauen, nähert man sich ihm durch einen Vorhof, dessen Dach auf acht quadratischen Säulen ruhte. Von diesen Säulen sind nur noch die Basen erhalten. Vier massive Pfeiler, an denen einst Kolossalstatuen standen, trugen das Portikus-Dach und gewährten durch drei Eingänge Zugang zu den aus dem Felsen gehauenen Räumen dahinter. Der Portikus ist heute ohne Dach. Von den Kolossalstatuen sind nur noch die Füße übrig. Alles ist Verfall und Verfall ohne Schönheit.«

Amelia B. Edwards: *A Thousand Miles up the Nile* (1877).

Das Innere dieses Felsentempels weist eine Serie sehr schöner Reliefs auf, die sich auf die nubischen Feldzüge Ramses' II. beziehen. Wie in Abu Simbel (Abb. 80) gab es im Heiligtum vier Götter-Sitzbilder, doch wie die Kolossalstatuen vor dem Tempel waren auch sie bis auf die Füße zerstört. Obwohl schwer beschädigt, wurde auch dieses Bauwerk vor der Überflutung gerettet. Man wies ihm einen neuen Platz neben dem Tempel von el-Amada zu.

78 Edward Lear: *Derr* (ed-Derr), 11. Februar 1867.

Abu Simbel

Vgl. auch Farbtafeln XXVIII–XXX.

»Der Tempel liegt westlich des Nils, zwei- oder dreihundert *yards* vom westlichen Flußufer entfernt [Farbtafel XXVIII]; er steht etwas erhöht, und seine Basis befindet sich erheblich über dem Flußniveau. Er ist in den Berg hineingebaut, und seine Vorderseite bietet sich als Fläche von 60 Fuß Höhe über dem oberen Rand des Sandes unmittelbar vor der Tür dar, im Norden erreicht sie jedoch keine 40 Fuß, im Süden dagegen etwas mehr ... Vor der Tempelfront befinden sich vier sitzende Kolossalfiguren, mit ihren Thronen und allem, [was dazugehört,] aus dem massiven Fels gehauen ... Sie nehmen sitzende Haltung ein, sind mehr als 60 Fuß hoch, und die beiden, die teilweise freiliegen, sind im besten Stil ägyptischer Kunst gearbeitet und befinden sich in einem besseren Erhaltungszustand als irgendwelche anderen Kolossalstatuen, die in Ägypten erhalten sind. Zur Zeit sind sie nur bis zur Brust frei [vom Sand]; vor [unseren] jüngsten Ausgrabungen war von der einen nur ein Teil des Gesichtes und von den beiden anderen nur ein Stück der Kopfbedeckung sichtbar ...

Das Innere dieses Tempels steht hinter keiner Grabungsstätte in Ägypten oder Nubien zurück, auch die Königsgräber sind hiervon nicht ausgenommen [das Grab Sethos' I. wurde erst drei Monate später entdeckt]; tatsächlich ist die Wirkung, die dieser Tempel auf jeden macht, der sich ihm erstmals gegenübersieht, wohl stärker, als jene [anderen archäologischen Stätten] auf den Besucher auszuüben vermögen. Die imponierende Höhe der Decke, das Ragende der quadratischen Pfeiler und der Kolossalstatuen an ihnen, die volle 40 Fuß Höhe erreichen ... dies alles trägt dazu bei, das Innere dieses Tempels nicht weniger bewundernswert erscheinen zu lassen als sein glanzvolles Äußeres. [Irby, Mangles und Henry Beechey hatten unter Leitung Belzonis am 1. August 1817 den Tempel geöffnet – dies unter recht schwierigen Bedingungen, auf die sie in einer Anmerkung hinweisen]. Die Zeit, die wir brauchten, um den Sand wegzuräumen, betrug 22 Tage. Die ersten fünf Tage verrichteten diese Arbeit 100 von Seiner Hochwohlgeboren Henry Salt, dem Generalkonsul Seiner Britischen Majestät, bezahlte einheimische Arbeitskräfte, die letzten 17 Tage setzten nur noch die oben erwähnten vier Personen, assistiert von einem türkischen Soldaten und einem griechischen Diener, die Arbeit an diesem Vorhaben fort (nachdem die Einheimischen weitere Mitwirkung verweigert hatten), und zwar 10 Stunden pro Tag, vom ersten Morgendämmern bis 8 Uhr früh sowie von 2 Uhr (sobald der Berg Schatten gab) bis zur Abenddämmerung. Die Tiefe des ausgegrabenen Sandes betrug etwa 50 Fuß [ungefähr 15 m]. Die durchschnittliche Temperatur lag während der Arbeiten bei 112 ° Fahrenheit [45 ° Celsius] im Schatten.

Während der letzten fünf Tag bestand die Nahrung lediglich aus Durrha [›Mohrenhirse‹, ›Kaffernhirse‹ *(Sorghum vulgare)*] mit Wasser, da die Einheimischen keine Lebensmittel mehr lieferten, um sie [die Ausgräber] an der Vollendung ihres Werkes zu hindern.«

Charles Leonard Irby und James Mangles: *Travels* (1823).

Der große (Süd-)Tempel war erst vier Jahre zuvor entdeckt worden, und zwar war der Schweizer Reisende Johann Ludwig Burckhardt (alias ›Scheich Ibrahim‹, 1784–1817) förmlich ›über ihn gestolpert‹. Der kleinere (Nord-)Tempel war der ortsansässigen Bevölkerung bestens bekannt. Man benutzte ihn als Zufluchtsstätte, wenn eine der häufigen lokalen Fehden ausbrach. Burckhardt besuchte ihn 1813. Als er ihn wieder verließ, kam er vom Wege ab, geriet auf die ungeheure Masse angewehten Sandes zwischen beiden Tempeln (Farbtafel XXVIII) und stand plötzlich vor einem riesigen steinernen Statuenkopf, der aus dem Sand ragte.

Es muß Belzoni und seine Begleiter bitter geschmerzt haben, daß sie die Stätte dieser ihrer so glänzenden Entdeckung schon nach drei Tagen, am 4. August 1817, wieder verlassen mußten. Henry Salt selbst kam später hierher, um sich Belzonis Fund anzusehen, weitere Grabungen durchzuführen und insbesondere den Tempel weiter vom Sande freizulegen (Farbtafel XXX).

79 Joseph Bonomi: *Fassade des Großen Tempels von Abu Simbel* (1829 [?], Detailansicht).

80 David Roberts: *Säulenhalle des Großen Tempels von Abu Simbel.*

»Ein feierliches Zwielicht herrschte in der ersten Halle, doch hinter ihr war alles dunkel. Acht Kolossalstatuen ... flankierten den Mittelgang, auf ihren Häuptern ruhte die Last des Berges. Ihre Höhe beträgt 25 Fuß. In ihren über der Brust gekreuzten Händen halten sie Dreschflegel und Krummstab, Embleme der Majestät und des Königtums. So stehen sie da wie Osiris, doch ihr Antlitz ist das Ramses' II.«

Amelia B. Edwards: *A Thousand Miles up the Nile* (1877).

Weniger als ein Jahrhundert, nachdem Amelia Edwards sie besuchte, machten die Tempel von Abu Simbel überall auf der Welt Schlagzeilen, wurden sie doch gewissermaßen zum Brennpunkt der von der UNESCO angekurbelten Aktion zur Rettung der bedrohten Baudenkmäler Nubiens. Um sie vor den steigenden Fluten des Nasser-Stausees zu retten, mußte man sie aus dem Berg, der sie umgab, regelrecht herausschneiden, bis zu 62 m anheben und an einen 200 m von ihrer ursprünglichen Position entfernten neuen Standort verlagern, wo es außerdem einen neuen, künstlichen Berg zu schaffen galt, um der als Felsentempel geschaffenen Anlage nicht ihre Wirkung zu nehmen. Zur Durchführung dieses Unternehmens benötigte eine internationale Mannschaft von Technikern und Archäologen 4 ½ Jahre. Die Kosten betrugen etwa £ 17 000 000 (nach damaliger Währung etwa 188,7 Millionen DM).

Nachwort

Die Reaktion des schöpferischen Geistes

Eine der Folgen der Wiederentdeckung Altägyptens bestand darin, daß Ägypten und seine alte Kultur Teil des Repertoires europäischer Historienmaler wurden. Seit dem Beginn des Klassizismus bestand ohnehin lebhaftes Interesse an Bildvorwürfen aus der griechischen und römischen Geschichte, Szenen, die man mit größtmöglicher Genauigkeit an historischen Schauplätzen ansiedelte und mit historischen Gestalten in authentischer Kleidung ausstattete; im Lauf des 19. Jahrhunderts nahm das Bedürfnis, das Bild längstvergangener Zeiten festzuhalten, noch zu. Sei es Alt-Assyrien, sei es das Zeitalter Ludwigs XIV.: der moderne Mensch wollte nachempfinden, wie es sich einst lebte. Vor allem erfreute sich Ägypten dabei großer Beliebtheit wegen seiner Beziehungen zur Bibel, die sich als ergiebiger Quell künstlerischer Sujets erwies. Historische Bildvorwürfe, die nichts mit der Bibel zu tun hatten, waren im Vergleich dazu seltener. Ein dritter Bereich, der Malern zur Darstellung Anreiz gab, war Altägyptens Alltagsleben, das tatsächlich immer häufiger wiedergegeben wurde, je weiter das Jahrhundert voranschritt.

Als 1827 Abel de Pujol (1787–1861) die Decke einer der Galerien im Pariser Louvre malte, wo einige der erst jüngst erworbenen ägyptischen Altertümer ausgestellt werden sollten, wählte er als Thema: *Joseph rettet Ägypten.* Die Szene spielte in einem ptolemäischen Tempelportikus auf der Insel Philai. Adrien Guignet, dem nur ein kurzes Leben (von 1816–1854) beschieden war, malte eine *Flucht nach Ägypten* und die Szene *Joseph deutet die Träume des Pharao,* doch auch ein nichtbiblisches Sujet gestaltete er: vor dem Hintergrund einer Pyramide und einer sitzenden Kolossalstatue zeigt er den Perserkönig Kambyses, der 525 v. Chr. Ägypten überfiel. Er ist dabei, Psammetich III., den letzten Herrscher der sogenannten Saïtendynastie, hinrichten zu lassen.

David Roberts, die profilierteste Persönlichkeit unter den Landschaftsmalern am Nil, war lange schon an Ägypten interessiert, bevor er 1838–1839 das Land bereiste. Schon 1829 malte er für Lord Northwick, einen Kunstsammler, seinen *Auszug der Israeliten* und erklärte, er habe gerade zu diesem Thema gegriffen, um dadurch »diesen großartigen, doch so einfachen Architekturstil – den ägyptischen – einzuführen«. Was er für altägyptischen Stil hielt, war in Wirklichkeit späteren Datums (hellenistisch und römerzeitlich), doch teilte er seine Vorliebe dafür nicht nur mit Denon (Seite 140), sondern mit den meisten Malern und Reisenden des 19. Jahrhunderts. In seinen komplexen Strukturen und Details sowie in seinem Hang zum Kolossalen steht dieses Bild der Manier des visionären Malers John Martin sehr viel näher als Roberts klarem, übersichtlichem Reifestil [Farbtafel XXI].

Etwa zeitgleich mit Roberts großem Ölbild ist ein kleines Aquarell von William West (1801–1869), der die Schule von Bristol vertritt. Er zeigte eine andere Möglichkeit auf, sich als Künstler mit Altägypten auseinanderzusetzen: das Capriccio, das Elemente und Aspekte mehrerer, verschiedener Monumente miteinander kombiniert, so daß ihre Nicht-Zusammengehörigkeit Nichtkennern überhaupt nicht auffällt, Kenner dagegen erheitert. Die großen Bildwerke, die im Lauf der Zeit herauskamen, erwiesen sich als reiche Fundgrube für Maler: zuerst die *Description de l'Egypte* (1809), dann Rosellinis *Monumenti dell'Egitto* (1832–1844), gefolgt von Wil-

Abel de Pujol, *Joseph rettet Ägypten,* 1827. Deckengemälde im Raum C der Abteilung für ägyptische Altertümer, Louvre, Paris.

David Roberts, *Der Auszug der Israeliten,* 1829.

William West, *Ruinen am Nil,* um 1829.

Jean Léon Gérôme, *Schwerttanz.*

Nach Hans Makart, *Altägyptische Tänzerin.* Aus Georg Ebers, *Egypt,* 1881.

kinsons *Manners and Customs of the Ancient Egyptians* (1837), Roberts' *Egypt and Nubia* (1846–1850), Lepsius' *Denkmäler* (1849–1859) sowie Prisse d'Avennes' *Histoire de l'Art Égyptien* (1858–1877). Mehrere Historienmaler reisten selbst nach Ägypten. Jean-Léon Gérôme (1824–1904) kam als junger Mann in den Nahen Osten und kehrte nach Paris zurück, um die Darstellungsweise seines Lehrers Delaroche auf exotischere Sujets anzuwenden. Beispielsweise placierte er einen antiken Schwerttanz vor die hathorköpfigen Säulen des ›Geburtshauses‹ (Mammisi) auf Philai.

Eine weitere Informationsquelle war der deutsche Ägyptologe Georg M. Ebers (1837–1898). Neben seinen wissenschaftlichen Arbeiten veröffentlichte er auch Erzählungen und Romane. Seine *Ägyptische Königstochter* war noch dreißig Jahre nach seinem Tode auf dem Markt, wurde in sechzehn Sprachen übersetzt und brachte es auf 400000 Exemplare. Sein außerordentlich populäres Werk *Ägypten in Wort und Bild* wurde ins Französische und Englische übertragen. Es führte eine umfangreiche Leserschaft in die Geschichte Ägyptens, seine Altertümer und – dank der beigegebenen Illustrationen – auch in seine antike Kultur ein.

Ebers' *Ägyptische Königstochter* inspirierte den seinerzeit vielgerühmten österreichischen Salonmaler Hans Makart (1840–1884), der zusammen mit befreundeten anderen Künstlern, darunter dem Porträtisten Franz von Lenbach, den Winter 1875/76 in Kairo verbrachte. Die Künstler wohnten im alten Mameluckenpalast des Khediven. Auch Makart erlag dem Zauber Ägyptens. Seinem *Tod der Kleopatra,* den er ursprünglich in einer mehr oder weniger barocken Auffassung wiedergegeben hatte, fügte er ägyptische Details hinzu, und darüber hinaus konzipierte er ägyptische Genreszenen wie seine üppige *Jagd auf dem Nil* und eine verführerische *Altägyptische Tänzerin.*

Die *Tänzerin* fand Aufnahme in Ebers' *Ägypten in Wort und Bild,* das auch ein vom Inhalt her ganz unmögliches Bild von Wilhelm Gentz (1822–1890) enthält: ein mit Ketten gefesseltes Mädchen, im Begriff, in den Nil geworfen zu werden, dazu eine romantische *Reise zur Nekropole* des in Warschau geborenen Berliner Malers Ludwig Burger (1825–1884) und eine *Auffindung des Moses,* die – ein außerordentlich beliebtes Thema – 1878 von Ferdinand Keller (1842–1922) gemalt wurde. Es handelt sich um eine eher rokokotypische Komposition mit ein paar symbolischen Sphingen und Hieroglyphen. Das Frontispiz zu Ebers' erstem Band ist Sir Edward Poynters *Israel in Ägypten,* doch davon später mehr.

Besonders gern stellt Ebers Alma Tadema heraus. Zwar war dieser mit Ebers eng befreundet, seine Bevorzugung verdankte er aber der Tatsache, daß er der mit Abstand fruchtbarste und fähigste Vertreter seines Genres war. Mit Recht bezeichnete ihn sein Biograph Swanson als ›Maler der viktorianischen Ansicht der alten Welt‹. Sir Lawrence Alma Tadema (1836–1912) war in den Niederlanden geboren, und obwohl man ihn als Engländer zu betrachten pflegt, verlegte er seinen ständigen Wohnsitz doch erst endgültig nach England, als er 34 Jahre alt war. Er studierte an der Akademie in Antwerpen, wo er unter den Einfluß des Archäologen Louis Delaye geriet und 1859 sein erstes Bild mit altägyptischer Thematik malte: *Der trauernde Vater.* Damit begann er gleichzeitig eine Reihe von Bildern über das Thema des Todes

Erstgeborener. 1862 besuchte er London, wo ihn nicht nur die *Elgin Marbles* vom Athener Parthenon, sondern vor allem die ägyptischen Altertümer im Britischen Museum beeindruckten, so daß er, in die Niederlande zurückgekehrt, sein Gemälde *Zeitvertreib im Alten Ägypten vor 3000 Jahren* schuf – ein Werk, das die Goldmedaille des Pariser Salons von 1864 gewann. Viele der Einzelheiten, die dieses Bild aufweist, muß er von Champollion und anderen veröffentlichten Architekturstudien entnommen haben. Als Quelle für seine Harfenspieler kommen entweder Wilkinsons *Manners and Customs* oder Prisse d'Avennes *Histoire de l'Art Égyptien* in Frage. Beide geben in leuchtenden Farben die Harfenspieler und ihre Instrumente aus dem Grab Ramses' III. wieder. Weitere Bilder mit altägyptischer Thematik folgten gegen Ende der sechziger Jahre. Einige davon veröffentlichte Ebers in seinem *Ägypten in Wort und Bild,* darunter: *Ägypter vor seiner Tür in Memphis* (1865), *Die Mumie, Römerzeit, Ägypter beweinen ihre Toten* (1867), *Ägyptische Tänzerinnen* (1868) und *Der Großkämmerer König Sesostris' des Großen* (1869).

1870 übersiedelte Alma Tadema endgültig nach London, wo sich der ägyptische Einfluß auf ihn noch erheblich verstärkte, denn er mietete zuerst das Haus des Malers Frederick Goodall, der damals in Ägypten unterwegs war. Sowohl Frederick als auch sein Bruder Edward malten eine Reihe von Volksszenen und Örtlichkeiten aus dem Ägypten der damaligen Zeit. 1872 griff Alma Tadema auf sein altes Thema des Todes der Erstgeburt zurück. Die Version, die er nun schuf, ist größer im Format und enthält mehr – durchweg peinlich genau recherchierte – Details, und doch fehlt ihr in gewisser Weise das unmittelbar Zupackende, Ergreifende des früheren Gemäldes. Auch zum Thema der Beweinung eines mumifizierten Toten kehrt er in seinem Gemälde *Ägyptische Witwe* zurück. Abermals wirkt sich seine Liebe zum Detail fast zum Nachteil für das Ganze aus. Sujet ist eine trauernde Witwe. Sie hockt neben dem mumifizierten Leichnam ihres Mannes, der in seinen Mumienbinden auf einer Bahre liegt. Rechts im Bild erblickt man gerade noch einen Kasten. Auf ihm stehen die vier Kanopenkrüge für die Eingeweide bzw. die wichtigsten inneren Organe des Toten, die man bei der Einbalsamierung zu entfernen pflegte. Der große Holzsarkophag mit seinen schweren Ecksäulen, der auf einem Schlitten ruht, ist typisch für die hellenistisch-römische Periode und könnte auf den Sarkophag eines gewissen Soter zurückgehen, der im 2. Jahrhundert vor Christus (also während der Ptolemäerzeit) Archon Thebens war. Dieser Sarkophag befindet sich heute im Britischen Museum.

Trotz all dieser altägyptischen Bildvorwürfe – es handelt sich um nicht weniger als 26 größere und einige kleinere Werke – besuchte Alma Tadema Ägypten recht spät. Erst 1902 kam er auf Einladung von Sir John Aird für sechs Wochen an den Nil, um der Einweihung der Staustufe von Assiut sowie des Nildammes von Assuan beizuwohnen. Für Aird malte er 1904 *Die Auffindung des Moses,* worauf man im Hintergrund die Pyramiden von Gizeh erblickt.

Nur ein weiterer Künstler des 19. Jahrhunderts kommt als Maler in Altägypten angesiedelter historischer Szenen Alma Tadema recht nahe: Edwin Long (1829–1891). 1874 besuchte er Ägypten und Syrien, und in der Folge malte er oft vorderorientalische Szenerien und biblische Motive. Sein bekannte-

Sir Lawrence Alma Tadema, *Der trauernde Vater,* 1859 (Opus X).

Sir Lawrence Alma Tadema, *Zeitvertreib in Altägypten vor 3000 Jahren,* 1863 (Opus XVIII).

Sir Lawrence Alma Tadema, *Ägyptische Witwe,* 1872 (Opus XCIX).

Sir Lawrence Alma Tadema, *Auffindung des Moses,* 1904 (Opus CCCLXXVII).

Edwin Long, *Pharaos Tochter – die Auffindung des Moses,* 1886.

Edwin Long, *Alethe, Priesterin der Isis,* 1886.

stes Werk ist wohl der 1875 entstandene *Babylonische Heiratsmarkt.* Anschließend befaßte er sich mit einer Reihe ägyptischer Sujets. Meist handelt es sich um Bilder riesigen Formats. Wie bei anderen damaligen Kunstwerken dienten die antiken Kulissen dazu, die Wiedergabe leicht-, wenn überhaupt, bekleideter Mädchen zu rechtfertigen.
Auch Long legte großen Wert auf die Detailgenauigkeit der Hintergründe. Er verfügte über eine kleine Sammlung ägyptischer Antiquitäten, die ihm als Muster dienten, desgleichen kopierte er Stücke, die er in Museen sah (Farbtafel II). Aus Originalen und kleinen Wachsmodellen arrangierte er die Szenarien seiner Bilder. Eine 1888 in der *Royal Academy* ausgestellte Skizze M. Renouards zeigt Long beim Zusammenstellen des Hintergrundes für sein Gemälde *Die Krone der Rechtfertigung.* Es schildert den von Diodor aus Sizilien (Diodorus Siculus) beschriebenen altägyptischen Brauch, über einen Verstorbenen Gericht zu halten. Die Akademie stellte auch dieses Gemälde im selben Jahre aus.
Die meisten altägyptischen Mädchengestalten Longs wirken etwas matt und sehen übrigens einander sehr ähnlich. Seine Behandlung des Themas *Pharaos Tochter – die Auffindung des Moses* (1886) ergibt einen interessanten Vergleich mit Alma Tademas späterer Behandlung desselben Themas – das eine Gemälde ein gewaltiges Panorama, das andere eine intime Szene, der sowohl die Vegetation als auch Löwenskulpturen und Hieroglyphen Lokalkolorit verleihen. Doch Longs im eigentlichen wie übertragenen Sinne größtes Werk ist *Jahr des Herrn* oder *Die Flucht nach Ägypten* (1883 [Farbtafel III]). Es strotzt förmlich von Details und lebt von Gegensätzen: hier christliche Schlichtheit, dort heidnischer Pomp, hier die Jungfrau Maria mit dem Christuskind, dort die alte Muttergöttin Isis mit ihrem Sohn Horus. Die Details zeigen Long auf dem Höhepunkt seiner Gelehrsamkeit. Er konnte sowohl auf eigene Erfahrungen als auch auf gelehrte Publikationen anderer Ägyptenreisender zurückgreifen. Gewöhnlich zeichnen sich Longs Bilder mit ägyptischen und vorderorientalischen Sujets durch ganz spezielle Beziehungen zur Bibel oder zu historischen Ereignissen aus. Eine seltsame Abweichung bildet lediglich *Alethe, Priesterin der Isis* (1888). Abermals hat das junge Mädchen den etwas matten Ausdruck der Longschen Frauengestalten. Es füttert gedankenverloren heilige Ibisse – Tiere, die normalerweise eher mit Thot, dem Gott der Schreibkunst und des Wissens, als mit Isis in Verbindung gebracht werden.
Immer wieder faszinierte seit der Renaissance der Selbstmord der letzten Ptolemäerin, Kleopatra VII., die Maler. Die meisten erblickten in ihr den Inbegriff einer Frau, die auf jede nur erdenkliche Art und Weise, insbesondere durch sexuelle Ausschweifungen, ihr Ende heraufbeschworen hatte. Makarts Kleopatra bleibt – trotz antikisierender Zutaten – Rubens nachempfunden. Long dagegen schildert in seinem Gemälde *Verlorene Liebesmüh* (1885) die Königin als eine von Tragik umwitterte junge Frau.
Wie sein so überaus akkurater Zeitgenosse Alma Tadema benutzte Sir Edward Poynter (1836–1919) ebenfalls Griechenland und Rom, aber darüber hinaus auch Altägypten als Kulisse für seine Gemälde. Doch im Gegensatz zu anderen Historienmalern befaßte er sich auch praktisch mit der Erhaltung dessen, was von Altägypten übriggeblieben war und

bekleidete das Ehrenamt des Sekretärs einer 1889 gegründeten Gesellschaft für die Erhaltung altägyptischer Denkmäler.
Poynters 1867 entstandenes Werk *Israel in Ägypten*, das er im Alter von nur 31 Jahren schuf, zeichnet sich durch Klarheit und scheinbar auch Präzision sämtlicher Details aus, die seine 3,12 m lange Leinwand erkennen läßt, auf der man die Israeliten beim Frondienst in Ägypten erblickt. Im Vordergrund wird auf einem Räderkarren eine Löwenskulptur gezogen. Vermutlich soll sie zu anderen Skulpturen der gleichen Art vor dem zweiten Tempelpylon im mittleren Bildhintergrund gebracht werden, von dem herab Banner flattern – ein auf sorgfältiger archäologischer Beobachtung beruhendes Detail. Allerdings kann Poynter keine altägyptische Darstellung kopiert haben, die den Transport einer Skulptur in der dargestellten Weise zeigt, denn die Altägypter erlangten erst verhältnismäßig spät Kenntnis von der Erfindung des Rades und bevorzugten für derartige Transportzwecke Rollen und Hebebäume (ebenso wie Belzoni, als er den sogenannten ›Jüngeren Memnon‹ abtransportierte [Farbtafel XVIII]).
Der Löwe ist einem Tier eines Skulpturenpaares nachgebildet, das 1835 dem Britischen Museum von Lord Prudhoe geschenkt wurde. Beide Tiere tragen Inschriften aus der Zeit Amenophis' III. (XVIII. Dynastie. Der Tempel rechts im Bild vereint Elemente der Tempel von Luxor [Farbtafel XIV] und Edfu [Abb. 57]; der Obelisk indessen entspricht dem von Heliopolis mit der Kartusche Sesostris' I. aus der XII. Dynastie [Abb. 4]. Links von der Löwenskulptur erhebt sich ein ptolemäischer (hellenistischer) Tempel, in einiger Entfernung links im Bild erblickt man die malerische Gruppe der (gleichfalls ptolemäischen) Bauwerke auf der Insel Philai, und nicht einmal der (römerzeitliche) Kiosk Kaiser Trajans [Farbtafel XXIV] fehlt. Dahinter ragt die Große Pyramide von Gizeh empor, während sich am Horizont die Höhenzüge Thebens erstrecken [Farbtafel XIII].
Israel in Ägypten verdeutlicht, wie sich die Vorstellung davon gewandelt hatte, was man der akkuraten Wiedergabe und Rekonstruktion altägyptischer Wirklichkeit schuldete. Alan Sorrell, einer der bekanntesten und fähigsten Schöpfer historischer Rekonstruktionen, verwarf Poynters Bild. Für ihn war es nichts als eine »Zusammenklitterung unassimilierter Fakten«. Doch Sorrell ging es um Örtlichkeiten, um wissenschaftlich einwandfreie Rekonstruktionen bestimmter Bauwerke und Fundstätten. Poynter dagegen wollte menschliches Leben darstellen – die sorgfältig wiedergegebene Kulisse mit all ihren Anachronismen diente ihm lediglich zur Anregung der Phantasie. Nachfolger seiner großangelegten Komposition im 20. Jahrhundert sind keine Maler, sondern die Schöpfer der Kulissen für Filmepen, wie Cecil B. de Mille und andere sie in der Glanzzeit Hollywoods drehten.

Hans Makart, *Kleopatras Tod*, 1876.

Edward John Poynter, *Israel in Ägypten*, 1867.

Ausgewählte Quellen- und Literaturhinweise

Handschriftliche Quellen

Barry, Sir Charles: Album der Zeichnungen, Grundrisse und Aufrisse in der *Drawings Collection, British Architectural Library, Royal Institute of British Architects* (London) sowie im *Griffith Institute* (Oxford).

Barry, Sir Charles: Handschriftliches Reisetagebuch in der *Drawings Collection* der *British Architectural Library, Royal Institute of British Architects* (London).

Belzoni, Giovanni Battista: Zeichnungen im *City Museum and Art Gallery*, Bristol, desgleichen im *Museo Civico*, Padua.

Bonomi, Joseph: Zeichnungen in den Manuskripten von Robert Hay (s. d.) in der *British Library* (London).

Burton, James: 63 Mappen mit Zeichnungen in der *British Library* (London), *Add. Mss.* 25613–75.

Catherwood, Frederick: Zeichnungen in den Manuskripten von Robert Hay (s. d.) in der *British Library*.

Cronstrand, Baltzar: Etwa 200 Zeichnungen im Nationalmuseum Stockholm (s. auch B. George unten unter *Veröffentlichungen*).

Dodwell, Edward: Zeichnungen und Antiquitäten in der *British Library* (London), *Add. Mss.* 33958.

Hawker, Edward James: 3 Mappen Zeichnungen im *Griffith Institute* (Oxford).

Hay, Robert: 49 Zeichenmappen (mit vielen Zeichnungen von Hay beschäftigter anderer Künstler wie z. B. Bonomi, Catherwood und Lane) in der *British Library* (London), *Add. Mss.* 29812–60.

Hay, Robert: Tagebuch, ebenda *Add. Mss.* 31054.

Hay, Robert: Briefe, ebenda *Add. Mss.* 38510.

Hoskins, George Alexander: Zeichnungen im *Griffith Institute* (Oxford).

Huyot, Jean Nicolas: Tagebuch und Zeichnungen in der *Bibliothèque Nationale* (Paris) unter den Manuskripten von Nestor L'Hôte (s. d.).

Lane, Edward William: Zeichnungen und Notizen im *Griffith Institute* (Oxford) sowie in der *British Library* (London), *Add. Mss.* 34080–88 (vgl. auch L. Ahmed unten unter *Veröffentlichungen*).

L'Hôte, Nestor: Manuskripte und Zeichnungen in der *Bibliothèque Nationale* (Paris), *Nouv. Acq. Franç.* 20396, 20402, 20404, desgl. im *Louvre* (Paris), E. 25423 a und b (vgl. Vandier d'Abbadie, J., unten unter *Veröffentlichungen*).

Parke, Henry: Architekturzeichnungen in der *Drawings Collection* der *British Architectural Library* des *Royal Institute of British Architects* (London).

Prisse d'Avennes, A. C. T. E.: Handschriften und Zeichnungen in der *Bibliothèque Nationale* (Paris), *Nouv. Acq. Franç.*20416–49.

Salt, Henry: Papiere und Zeichnungen in der Sammlung von Sir Michael Salt, Dorset; einige Negative im *Griffith Institute* (Oxford).

Wilkinson, Sir John Gardner: 56 gebundene Mappen, Aktenordner und Notizbücher, einst als Leihgabe im *Griffith Institute* (Oxford), wo sich noch immer Negative befinden; die Originale wurden 1981 an die Familie zurückgegeben.

Young, Thomas: Notizen zur Entzifferung der Hieroglyphen in der *British Library* (London), *Add. Mss.* 27281–85.

Veröffentlichungen

Ahmed, L.: *Edward W. Lane* (London 1978).

Aldred, C.: *The Temple of Dendur*, in: *The Metropolitan Museum of Art Bulletin* 36,1 (New York 1978).

Ampère, J. J.: *Voyage en Égypte et Nubie* (Paris 1868).

Athanasi, G. D.: *Researches and Discoveries in Upper Egypt under the Direction of Henry Salt Esq.* (London 1836).

Ballantyne, J.: *The Life of David Roberts RA* (Edinburgh 1866).

Barry, A.: *The Life and Works of Sir Charles Barry* (London 1867).

Bartlett, W. H.: *The Nile Boat* (London 1850).

Belzoni, Giovanni: *Reisen in Aegypten und Nubien* (*Narrative of the Operations and Recent Discoveries . . .*, usw. deutsch), Jena: 1821 (Sonderdruck aus: *Ethnographisches Archiv*). [Neuausgabe unter dem Titel:] *Entdeckungsreisen in Ägypten 1815–1819 in den Pyramiden, Tempeln und Gräbern am Nil.* Hrsg. u. a. d. Engl. übers. von Ingrid Nowel (Köln 1982) (*DuMont Reiseberichte*).

Belzoni, Giovanni: *Forty-four Plates illustrative of the Researches and Operations of Belzoni in Egypt and Nubia* (London 1820).

Belzoni, Giovanni: *Six new plates* (London 1822).

Bossi, S., und Cooper, E. J.: *Views of Egypt and Nubia* (London 1822).

Burckhardt, Johann Ludwig: *Reisen in Nubien* (*Travels in Nubia*, deutsch), von der Londoner Gesellschaft zur Beförderung der Entdekkung des Innern von Afrika hrsg. Weimar: 1820.

Caillaud, F.: *Voyage à l'oasis de Thèbes . . . 1815–1818* (Paris 1821).

Champollion, Jean François: *Lettre à M. Dacier relative à l'alphabet des Hiéroglyphes phonétiques* (Paris 1822, Neudruck: 1922).
Champollion, Jean François: *Champollion des Jüngeren Briefe aus Ägypten und Nubien (Lettres écrites de l'Égypte et de Nubie*, deutsch), *geschrieben in den Jahren 1828 und 1829.* Vollständig mit drei Abhandlungen. Übersetzt von Freiherrn Eugen von Gutschmid. Quedlinburg: 1835.
Champollion, Jean François: *Monuments de l'Égypte et de la Nubie*, 4 Bde. (Paris 1835–1845).
Champollion-Figeac, M.: *L'Obélisque de Louqsor transporté à Paris* (Paris 1833).
Combes, E.: *Voyage en Egypte, en Nubie* (Paris 1846).
Curl, J. S.: *The Egyptian Revival: An introductory study of a recurring theme in the history of taste* (London 1982).
Dawson, W. R., und Uphill, E. P.: *Who was Who in Egyptology*, 2. revidierte Ausgabe (London 1972).
De Montule, E.: *Travels in Egypt in 1818 und 1819* (London 1823).
Denon, Dominique Vivant Baron de: *Reise in Ober- und Unterägypten während der Feldzüge des Generals Bonaparte (Voyage dans la Basse et la Haute Égypte pendant les campagnes du Genéral Bonaparte).* Übers. u. mit einigen Anmerkungen begleitet von D[ietrich] Thiedemann. Berlin und Hamburg: 1803 *(Archiv der neuesten und interessantesten Reisebeschreibungen 4* bzw. *Bibliothek der neuesten und interessantesten Reisebeschreibungen 16).*
Description de l'Égypte *ou recueil des observations et des recherches qui ont été faites en Égypte pendant l'expédition de l'armée francaise*, Paris 1809–1828 [2. Ausg. 1821–1830; 24 Bde.].
De Verninac Saint-Maur, E.: *Voyage de Luxor* (Paris 1835).
DuCamp, M.: *Le Nil, Égypte et Nubie* (Paris 1852).
Edwards, A. B.: *A Thousand Miles up the Nile* (London 1877 [2. Aufl. 1889]).
Emery, W. B.: *Egypt in Nubia* (London 1965).
Flaubert, Gustave: *Reisetagebuch aus Ägypten (Notes inédites: Voyage d'Égypte 1849–1851).* Bearb. nach der Ausg. v. 1920 in der Übers. v. Ernst Wilhelm Fischer. Hrsg. v. Georg A[dolf] Narciss (Stuttgart 1963) *(Bibliothek klassischer Reiseberichte).* Desgl.: *Flaubert in Egypt.* Übers. u. hrsg. von Francis Steegmüller (London 1972).
Forbin, L. N. P. A.: *Voyage dans le Levant* (Paris 1819).
Forbin, L. N. P. A.: *Travels in Egypt 1817–1818* (London 1819).
Gau, F. C.: *Antiquités de la Nubie, ou Monuments inédits des bords du Nil, entre la première et la deuxième cataracte* (Paris 1824).
George, B., und Peterson, B.: *Die Karnak-Zeichnungen von Baltzar Cronstrand 1836–1837* (Stockholm 1979).
George, B., und Peterson, B.: *Baltzar Cronstrand i Egypten 1836–1837: En svensk officer bland faraoniska och gravar* (Stockholm 1980).
Greener, L.: *The Discovery of Egypt* (London 1966).
Grobert, J. F. L.: *Description des pyramides de Ghizé . . .*, (Paris 1801).
Guiterman, H.: *David Roberts R. A. 1796–1864* (London 1978).
Habachi, L.: *Die unsterblichen Obelisken* (Mainz 1982).
Halls, J. J.: *Henry Salt* (London 1834).
Hamilton, W.: *Aegyptiaca* (London 1809).
Head, C. F.: *Eastern and Egyptian Scenery, Ruins & c . . .* (London 1833).
Herold, J. C.: *Bonaparte in Egypt* (London 1963).
Irby, J., und Mangles, C.: *Travels in Egypt and Nubia* (London 1823).
Jollois, P.: *Journal d'un ingénieur 1798–1802* [hrsg. von] G. Maspero (Paris 1904).
Jomard, E. F.: Beiträge zur *Description de l'Égypte* (Paris 1809 [s. oben]), deren Mitherausgeber E. F. Jomard war.
Jomard, E. F.: *Recueil d'observations et de mémoirs sur l'Égypte . . .* (Paris o. J.).
Jones, O.: *Views of the Nile* (London 1843).
Lauer, Jean-Philippe: *Saqqâra. Die Königsgräber von Memphis. Ausgrabungen und Entdeckungen seit 1850 (Saqqara. The Royal Cemetery of Memphis*, a. d. Engl. v. J. Rehork) (Bergisch Gladbach 1977).
Lebas, J. B. A.: *L'Obélisque de Luxor* (Paris 1839).
Legh, T.: *Narrative of a Journey in Egypt and the country beyond the Cataracts* (London 1816).
Lepsius, Richard: *Denkmäler aus Aegypten und Aethiopien*, 6 Teile in 12 Bänden (Berlin 1849–1859).
Lepsius, Richard: *Briefe aus Aegypten, Aethiopien und der Halbinsel des Sinai* (Berlin 1852).
L'Hôte, N.: *L'Obélisque de Louqsor* (Paris 1836).
L'Hôte, N.: *Lettres de l'Égypte* (Paris 1840).
Lloyd, C.: *The Nile Campaign: Nelson and Napoleon in Egypt* (Newton Abbot 1973).
Macquitty, W.: *Abu Simbel* (London 1965).
Macquitty, W.: *Island of Isis: Philae, Temple of the Nile* (London 1976).
Manning, S.: *The Land of the Pharaohs* (London 1875).
Mariette, A.: *Voyage de la Haute-Égypte* (Paris 1878–1880).
Mayer, L.: *Views in Egypt* (London 1804).
Mayes, S.: *The Great Belzoni* (London 1959).
Prescott, H. F. M.: *Once to Sinai: The further pilgrimage of Friar Felix Fabri* (London 1957).
Prisse d'Avennes, E.: *L'Histoire de l'Art Égyptien . . .* (Paris 1858–1877).
Quick, R.: *The Life and Works of Edwin Long R. A.* (Bournemouth 1931 [Nachdruck 1970]).
Reybaud, L.: *Histoire de l'expédition française en Égypte* (Paris 1828).
Rhind, A. H.: *Thebes, its Tombs and their Tenants* (London 1862).
Rifaud, J. J.: *Voyages 1805–1827* (Paris 1830).
Roberts, D.: *Egypt and Nubia*, 3 Bde. (1846–1850); mit Anmerkungen zu den Tafeln von W. Brockedon.
Roberts, D.: *The Holy Land . . . Egypt and Nubia* (London 1855–1856); kleineres Format u. mit neuen Anmerkungen von W. Brockedon.
Rosellini, L.: *I Monumenti dell'Egitto e della Nubia* (Pisa 1832).
Saint John, J. A.: *Egypt and Nubia* (London 1845).
Schneider, H. D.: *Taffeh: Rond de wederopbouw van een Nubische tempel* (Den Haag 1979).
Scottish Arts Council (Hrsg.): *Artist Adventurer: David Roberts 1796–1864* (Edinburgh 1981; mit Beiträgen von Helen Guiterman und anderen).
Searight, S.: *The British in the Middle East* (London 1969; revidierte Neuauflage 1979).
Swanson, V. G.: *Sir Lawrence Alma-Tadema* (London 1977).
Tadema, Auke A., und Tadema Sporry, Bob: *Unternehmen Pharao. Die Rettung der ägyptischen Tempel.* (Übers. a. d. Niederländ. v. Heinz Johnen) (Bergisch Gladbach 1978).
Trigger, B.: *Nubia under the Pharaohs* (London 1976).
Vandier d'Abbadie, J.: *Nestor L'Hôte (1804–1842): choix de documents conservés à la Bibliothèque Nationale et aux archives du Musée du Louvre* (Leiden 1963).
Vyse, H., und Perring, J. S.: *Operations carried on at the Pyramids of Gizeh*, 3 Bde. (London 1840–1842).
Whitehouse, H.: *Egyptomania* (London 1883).
Wilkinson, J. G.: *General View of Egypt* (London 1835).
Wilkinson, J. G.: *Manners and Customs of the Ancient Egyptians*, 3 Bde., Neuausg. rev. von Samuel Birch (London 1878).
Wilson, J. A.: *Signs and Wonders upon Pharaoh* (Chicago 1964).

Verzeichnis der Abbildungen

oberung Ägyptens durch die Franzosen (1798). Durchm.: 4 cm; Sammlung des Verfassers.

(c) Rückseite einer Bronzemedaille von A. Galle zur Erinnerung an den Einmarsch der Franzosen in Oberägypten im Jahr VII (1798). Durchm.: 3,5 cm; Sammlung des Verfassers.

(d) Rückseite einer römischen Bronzemünze aus der *Colonia Augusta Nemausus* (Nîmes), augusteische Zeit. Durchm.: 2,7 cm; Britisches Museum, London.

(e und f) Vorder- und Rückseite einer kleinen Bronzemedaille von A. Galle zur Erinnerung an Vivant Denon (vor 1808). Durchm.: 2 cm; Sammlung des Verfassers.

S. 30 J.-B. Borely (1776–1823): *Porträt Charles Leonard Irby.* Öl. Höhe 59,7 cm; Breite 48,2 cm; mit freundlicher Genehmigung der *Fine Art Society Ltd.* London.

Die 1817 in das Dach des Tempels von Dendera geritzten Namen von James Mangles und Charles Irby.

S. 31 R. H. Norman: *Giovanni Belzoni, der Patagonische Samson, bei seinem Auftritt im Sadlers Wells Theatre am Ostermontag 1803. Er trägt elf Personen; das eiserne Traggestell wiegt 127 Pfund* [57,61 kg]. Kolorierte Lavierung. *British Library,* London (Cracherode-Nachlaß, Sadlers Wells Bd. III).

Farbtafeln I–VIII (Seiten 33–40)

I David Roberts: *Aufziehender Sandsturm, Wüste bei Gizeh.* Handkolorierte Lithographie aus D. Roberts: *Egypt and Nubia* (London 1846 bis 1850), III.

II Edwin Long: *Die Götter und ihre Schöpfer* (1878). Öl, Höhe: 142,2 cm, Breite: 223,5 cm; *Towneley Hall Art Gallery and Museums, Burnley Borough Council.*

III Edwin Long: *Jahr des Herrn* oder *Die Flucht nach Ägypten* (1883). Öl, Höhe: 243,8 cm, Breite: 487,6 cm; *Russell-Cotes Art Gallery and Museum,* Bournemouth.

IV Vivant Denon: *Vermessung der Pompeiussäule, Alexandrien* (Juli 1798). Aquarell, Höhe: 26,2 cm, Breite: 20,6 cm; *Searight Collection,* London.

V James Gillray: *›Der Aufstand des Amphibieninstitutes‹ – Das Streben nach Wissen* (12. März 1799). Handkolorierte Radierung. Sammlung des Verfassers.

VI Vivant Denon: *›Obelisk der Kleopatra‹ in Alexandrien* (Juli 1798). Aquarell. Höhe: 25 cm, Breite: 20 cm; *Searight Collection,* London.

VII David Roberts: *Die Pyramide von Geizeeh, Ansicht vom Nil aus.* Handkolorierte Lithographie, aus: D. Roberts: *Egypt and Nubia* (London 1846 bis 1850), I.

VIII David Roberts: *Pyramiden von Geizeeh.* Handkolorierte Lithographie aus: D. Roberts: *Egypt and Nubia* (London 1846–1850), II.

Abbildungen auf den Seiten 42–56

S.42 *Porträt Giovanni Belzoni in türkischer Kleidung.* Lithographie von C. Hullmandel nach einer Zeichnung von Maxim Gauci (Frontispiz zu Belzonis *Narrative,* London 1820).

Vorder- und Rückseite einer nach William Brockedon von T. I. Wells geschaffenen Bronzemedaille zur Erinnerung an die Öffnung der zweiten Pyramide (der Chephren-Pyramide) in Gizeh durch Belzoni (2. März 1818). Durchmesser: 5,5 cm; Sammlung des Verfassers.

S. 43 A. Aglio: *Kupferstich zum Gedenken Giovanni Belzonis,* in Auftrag gegeben von Sarah Belzoni (1823). Britisches Museum (London).

S. 44 *Porträt Henry Salt,* 1834 (Detail). Kupferstich von C. Heath nach dem Porträt von J. J. Halls; Sammlung des Verfassers.

John Hayter: *Porträt Charles Barry* (1838). Lavierung, mit weißer, roter und brauner Kreide getönt. Höhe: 59 cm, Breite: 46 cm; Privatbesitz.

S. 45 Maxim Gauci: *William John Bankes in orientalischer Kleidung* (um 1820), Detail. Bleistift. Maße des Gesamtbildes: Höhe 36,8 cm, Breite: 27,5 cm; *Searight Collection,* London.

S. 46 Henry Wyndham Phillips: *Sir John Wilkinson* (1844), Öl.

Der Stein von Rosette mit einer Ehreninschrift für König Ptolemaios V. Epiphanes (205/4–180 v. Chr.). Basalt. Höhe: 114 cm, Breite: 72 cm; Britisches Museum (London).

S. 47 Vorderseite eines von Depaulis geschaffenen Bronzemedaillons zum Gedächtnis des Todes von Baron Antoine Isaac Silvestre de Sacy (1838). Durchm.: 6,1 cm; Sammlung des Verfassers.

Porträt Dr. Thomas Young (Detail). Kupferstich von G. Adcock nach dem Porträt von Sir Thomas Lawrence; Sammlung des Verfassers.

Léon Cogniet: *Porträt Jean François Champollion* (1831), Öl. Höhe: 73,5 cm, Breite: 60 cm; Louvre (Paris).

S. 49 Vorder- und Rückseite einer von G. Morgan für die *Art-Union of London* geschaffenen Bronze-Gedächtnismedaille für David Roberts (1875); Durchm.: 5,7 cm; Sammlung des Verfassers.

S. 50 Daguerreotypie von Karl Richard Lepsius (1850).

S. 51 Georg Frey: *Die preußische Expedition auf der Cheops-Pyramide am Geburtstag des Königs* [Friedrich Wilhelm IV.], *15. Oktober 1842.* Handkolorierter Kupferstich, wiedergegeben in: Bernhard Lepsius: *Das Haus Lepsius* (Berlin 1933). Mit freundlicher Genehmigung von Frau Susanne Lepsius.

S. 53 Photographische Aufnahme von Amelia B. Edwards.

S. 54 J. Blackburn: *Entdeckung einer Mumie bei einer Ausgrabung in der Nähe von Theben im Beisein Seiner Königlichen Hoheit des Prince of Wales,* 18. März 1862. Aus Samuel Birch: *The Papyrus of Naskhem,* London (›Auf Wunsch Seiner Königlichen Hoheit des Prinzen von Wales für private Verbreitung gedruckt‹) 1863; Sammlung des Verfassers.

William Simpson: *Dhahabîa [Dahabije] des Prinzen und der Prinzessin von Wales auf dem Nil,* Februar 1869. Lavierte Bleistiftzeichnung, Höhe: 13 cm, Breite: 16,2 cm; mit freundlicher Genehmigung der Firma Sotheby Parke Bernet & Co.

S. 55 William Simpson: *Der Kaiser von Österreich besteigt die Große Pyramide,* 24. November 1869. Aquarell, blaue und graue Lavierung mit Bleistift. Höhe: 21,7 cm, Breite: 27,5 cm; *Searight Collection,* London.

Rückseite eines von J. Tautenhayn geschaffenen Bronzemedaillons zur Erinnerung an die Anwesenheit Kaiser Franz Josephs bei der Eröffnung des Suezkanals (1869). Durchm.: 7,1 cm; Sammlung des Verfassers.

S. 56 Karte Ägyptens, gezeichnet von Hanni Bailey.

Tafeln 1–14 (Seiten 57–70)

1 Cécile: *Kleopatras Nadeln und Römerturm von Südwesten,* 1798, aus der *Description de l'Égypte,* 2. Ausg. (Paris 1821–30), 5, Taf. 32.

2 Luigi Mayer: *In den Katakomben von Alexandrien,* aus: L. Mayer: *Views in Egypt* (London 1804), Taf. 6.

3 Luigi Mayer: *Alter Obelisk bei Mataria, dem früheren Heliopolis,* um 1800, Aquarell, Höhe: 18,7 cm, Breite: 28,7 cm; *Searight Collection,* London.

4 William Simpson: *Heliopolis – wie es* [heute] *ist,* 1878. Aquarell, Höhe: 35 cm, Breite: 23,7 cm; *Searight Collection,* London.

5 Charles Barry: *Pyramiden von Geezah* (Gizeh, 1819). Bleistift. Königliches Institut Britischer Architekten (London), Barry: Bleistiftskizzen Ägypten und Nubien, Blatt 16.

6 Edward Lear: *Die Pyramiden* (1854). Öl. Sammlung Major Alec Wise und Gattin.

7 Cécile: *Zwei Ansichten der Großen Galerie in der Großen Pyramide zu Giza,* 1799. Aus der *Description de l'Égypte,* 2. Ausg. (Paris, 1821–30), 5, Taf. 13.

8 Luigi Mayer: *Kammer und Sarkophag in der Großen Pyramide zu Gizah* (Gizeh), aus: L. Mayer: *Views in Egypt* (London 1804), Taf. 19.

9 Giovanni Belzoni: *Große Kammer in der zweiten Pyramide von Ghizeh* (Gizeh). Aus G. Belzoni: *Narrative* (London 1820).

10 Edward Lane: *Zweite Pyramide von Giza vom Gipfel der Großen Pyramide aus gesehen,* um 1826/27. Bleistiftzeichnung mit Hilfe einer *Camera lucida,* Höhe: 10 cm, Breite: 17,5 cm; *British Library* (London), Add. Ms. 34083 fol. 24.

11 Giovanni Belzoni: *Aufriß der Pyramide,* 1818, aus: G. Belzoni: *Narrative* (London 1820).

12 Vivant Denon: *Vermessung des Großen Sphinx bei Giza,* 1798, aus V. Denon: *Voyage* (Paris 1802).

13 Edward J. Andrews: *Grabkammer des Mykerinus* (Mykerinos) *in der Dritten Pyramide von Giza,* 1837. Aus: H. Vyse und J. S. Perring: *Operations carried on the Pyramid of Gizeh* (London 1840–1842), II.

14 Luigi Mayer: *Unterirdische Kammer nahe den Pyramiden von Geeza* (Gizeh), aus L. Mayer: *Views in Egypt* (London 1804), Taf. 18.

S. 71 Vorderseite einer von A. Galle geschaffenen Bronzemedaille zur Erinnerung an die Eroberung Oberägyptens durch die französischen Truppen im Jahre VII (1798), Durchm.: 3,5 cm; Sammlung des Verfassers.

Farbtafeln IX–XV (Seiten 73–80)

IX David Roberts: *Eingang zu den Höhlen von Beni Hassan.* Handkolorierte Lithographie aus D. Roberts: *Egypt and Nubia* (London 1846–1850), I.

X David Roberts: *Dendera, 7. Dezember 1838,* aus: D. Roberts: *Egypt and Nubia* (London 1846–1850), I.

XI David Roberts: *Ruinen von Karnak.* Handkolorierte Lithographie aus: D. Roberts: *Egypt and Nubia* (London 1846–1850), I.

XII David Roberts: *Gesamtansicht der Ruinen von Luxor vom Nil aus,* 1838. Handkolorierte Lithographie aus: D. Roberts: *Egypt and Nubia* (London 1846–1850), I.

XIII David Roberts: *Die Kette der Libyschen Berge vom Tempel in Luxor aus.* Handkolorierte Lithographie aus: D. Roberts: *Egypt and Nubia* (London 1846–1850), I.

XIV David Roberts: *Großes Portal des Tempels von Luxor.* Handkolorierte Lithographie aus: D. Roberts: *Egypt and Nubia* (London 1846–1850), II.

XV David Roberts: *Dayr el Medeeneh* [Deir el-Medine], *Theben.* Handkolorierte Lithographie aus: D. Roberts: *Egypt and Nubia* (London 1846–1850), II.

Tafeln 15–42 (Seiten 82–111)

15 Edward Lear: *Koloß Ramses' II. in Memphis,* 7^{30} Uhr morgens am 15. März 1867. Aquarell. Höhe: 28,6 cm, Breite: 48,9 cm; mit freundlicher Genehmigung der Fa. Sotheby Parke Bernet & Co.

16 Dutertre: *Französische Gelehrte vermessen die Faust einer Statue Ramses' II. in Memphis,* 1798. Aus der *Description de l'Égypte,* 2. Ausg. (Paris 1821–30), 5, Taf. 13. Das betr. Skulpturfragment befindet sich heute im Britischen Museum, London (Nr. EA 9).

17 J. Frey: *Stufenpyramide, Sakkara* (Saqqâra), 1842–1844. Aus: R. Lepsius: *Denkmäler* (Berlin 1849–1859), I, Teil 2, Taf. 85.

18 Ernst Weidenbach: *Meydum* (Meidûm/Mêdûm), *Pyramide von Nordwesten,* 1842–1844. Aus: R. Lepsius: *Denkmäler* (Berlin 1849–1859), I, Teil 1, Taf. 45.

19 E. F. Jomard: *Ägyptischer Tempel am Ostufer des Birket Fayuum* (Birket Faijûm) – *Nächtliche Besichtigung bei Fackelschein,* 1798. Aus der *Description de l'Égypte,* 2. Ausg. (Paris 1821–30), 4, Taf. 69.

20 Ernst Weidenbach: *Fayuum* (Faijûm), *Labyrinth und Pyramide,* 1842–1844. Aus: R. Lepsius: *Denkmäler* (Berlin 1849–1859), I, Teil 1, Taf. 48.

21 Owen Jones: *In einem Grab bei Beni Hasan,* 1832/33. Aus: O. Jones: *Views on the Nile* (London 1843).

22 E. F. Jomard: *Ruinen von Antinoë* (Antinoupolis) *von Südwesten,* 1798. Aus der *Description de l'Égypte,* 2. Ausg. (Paris 1821–30), 4, Taf. 54.

23 Charles Barry: *Sheik Abadé* (Schech Ibada [Antinoë/Antinoupolis]), 1819. Bleistiftzeichnung. Höhe: 25,8 cm, Breite: 19,6 cm; *Royal Institute of British Architects,* London (Barry: Bleistiftskizzen Ägypten und Nubien, Blatt 17b).

24 Vivant Denon: *Der Tempel von Hermopolis* (Hermupolis magna/Aschmunên), 1798. Aus V. Denon: *Voyage* (Paris 1802), Taf. XXXIII.

25 Grach: *Felsstele Echnatons von Tuna el-Gebel,* 1842–1844. Aus: R. Lepsius: *Denkmäler* (Berlin 1849–1859), I, Teil 1, Taf. 67.

26 Dutertre: *Französisches Truppenkommando beim Einmarsch in Assiut, im Hintergrund die Eingänge von Felsgräbern in der Bergflanke,* 1798. Aus der *Description de l'Égypte,* 2. Ausg. (Paris 1821–30), 4, Taf. 43.

27 Cécile: *Eingang eines großen Grabes außerhalb von Assiut,* 1798. Aus der *Description de l'Égypte,* 2. Ausg. (Paris 1821–30), 4, Taf. 46.

28 Dutertre: *Tempel von Antaiupolis – Qau el Kebir – von Westen,* 1798. Aus der *Description de l'Égypte,* 2. Ausg. (Paris 1821–30), 4, Taf. 39.

29 David Roberts: *Das antike Tartyrus* (Tentyra/Tentyris) – *Dendera,* 1848. Bleistift und Wasserfarben. Höhe: 48,5 cm, Breite: 34,3 cm; Kunstgalerie und Museum von Aberdeen.

30 J. Jollois und R. E. Devilliers du Terrage: *Rekonstruktion des Portikus-Inneren des Tempels von Dendera mit Prozession,* 1798. Aus der *Description de l'Égypte,* 2. Ausg. (Paris 1821–30), 4, Taf. 50.

31 Cécile: *Fassade des Großen Tempels von Dendera,* 1798. Aus der *Description de l'Égypte,* 2. Ausg. (Paris 1821–1830), 4, Taf. 7.

32 J. Jollois und R. E. Devilliers du Terrage: *Tierkreisrelief an der Decke eines kleinen Raumes auf dem Großen Tempel in Dendera,* 1798. Aus der *Description de l'Égypte,* 2. Aufl. (Paris 1821–30), 4, Taf. 21.

33 Edward Lane: *Topographie Thebens und der benachbarten Gebirgszüge,* um 1826/27. Bleistift. Höhe: 19,3 cm, Breite: 32,7 cm; *British Library,* London (Add. MS 34088 fol. 50).

34 Cécile: *Gesamtansicht des Tempels von Karnak von Nordosten,* 1798. Aus der *Description de l'Égypte,* 2. Ausg. (Paris 1821–1830), 3, Taf. 43.

35 Charles Barry: *Karnac* (Karnak), *Oberägypten,* 1819 (Detail). Bleistift. Gesamthöhe: 25,5 cm, Breite 48,2 cm; *Royal Institute of British Architects,* London (Barry: Bleistiftskizzen Ägypten und Nubien, Heiliges Land und Syrien, Blatt 6).

36 Chabrol: *Kopfloser Sphinx in der Sphingenallee vor den Pylonen zu Karnak mit einem der Kommission angehörenden Maler im Schatten,* 1798. Aus der *Description de l'Égypte,* 2. Ausg. (Paris 1821–30), 3, Taf. 46.

37 David Roberts: *Im Säulensaal zu Karnak,* 29. November 1838. Aquarell, Höhe: 48,5 cm, Breite: 32,5 cm; *City Art Gallery,* Manchester.

38 A. C. T. Émile Prisse d'Avennes: *Nilboot bei Theben (Luxor), im Hintergrund der Tempel,* 1838/39. Aquarell. Höhe: 23 cm, Breite: 34 cm; *Searight Collection,* London.

39 Charles Barry: *Eingang zum Tempel von Luxor mit zwei Obelisken Ramses' II.,* 1819. Bleistift. Höhe: 46 cm, Breite: 33,3 cm; Privatbesitz.

40 Edward Lane: *Kolonnade des Haremhab* (Säulengang Amenophis' III.) *im Tempel von Luxor,* um 1826/27. Bleistift und Wasserfarben. Höhe: 17,8 cm, Breite: 10 cm; *British Library,* London (Add. MS 34084 fol. 20).

41 Charles Barry: *Die Ebene von Theben westlich des Nils,* 1819. Bleistift. Höhe: 28 cm, Breite: 48 cm; *Royal Institute of British Architects,* London (Barry: Bleistiftskizzen Ägypten und Nubien, Heiliges Land und Syrien, Blatt 4).

42 Henry Salt: *Memnonskoloß,* um 1819, Bleistift. Salt Ms. 1. Mit freundlicher Genehmigung von Sir Michael Salt.

Farbtafeln XVI–XXII (Seiten 113–120)

XVI Ernst Weidenbach: *Tempel Sethos' I. in Qurna,* 1842–1844 (Detail). Handkolorierte Lithographie aus: R. Lepsius: *Denkmäler* (Berlin 1849–1859), 1.

XVII William Bartlett: *Memnonium* (Ramesseum), 1845. Aquarell. Höhe: 21,2 cm, Breite: 33 cm; *Searight Collection,* London.

XVIII Giovanni Belzoni: *Wie der Kopf des Jüngeren Memnon (heute im Britischen Museum) von Belzoni abtransportiert wurde.* Handkolorierte Lithographie aus G. Belzoni: *Six New Plates* (London 1822).

XIX David Roberts: *Eingang zu den Königsgräbern von Theben, Bab el Malouk [Bibân el-Mulûk],* Detail aus: D. Roberts: *Egypt and Nubia* (London 1846–1850), 1.

XX David Roberts: *Tempel in Esneh* [Esna], *25. November 1838.* Handkolorierte Lithographie aus: D. Roberts: *Egypt and Nubia* (London 1846–1850), 1.

XXI David Roberts: *Der äußere Hof des Tempels von Edfou* [Edfu], *Ägypten* [1840]. Öl. Höhe: 108 cm, Breite: 140 cm; Familienbesitz. Mit freundlicher Genehmigung von Frank Bicknell.

XXII David Roberts: *Kôm Ombo, 21. November 1838.* Handkolorierte Lithographie aus: D. Roberts: *Egypt and Nubia* (London 1846–1850), 1.

Tafeln 43–66 (Seiten 122–151)

43 Charles Barry: *Memnonium* (Ramesseum), *Oberägypten,* 1819. Bleistift. Höhe: 29,8 cm, Breite: 48,6 cm; *Royal Institute of British Architects,* London (Barry: Bleistiftskizzen Ägypten und Nubien, Blatt 22).

44 Charles Francklin Head: *Im Tempel von Medinah Habou* (Medinet Habu), Januar 1830. Aquarell mit Sepia getönt. Höhe: 27,5 cm, Breite: 40,6 cm; *Searight Collection,* London.

45 Charles Barry: *Der mutmaßliche Palast von Medinet Abou* (das ›Hohe Tor‹, *migdol,* von Medinet Habu), 1819. Bleistift. Höhe: 25,5 cm, Breite: 29,6 cm; *Royal Institute of British Architects,* London (Barry: Bleistiftskizzen Ägypten und Nubien, Blatt 23).

46 Giovanni Belzoni: *Topographische Karte des Tals Biban Ell Malook* (Bibân el-Mulûk), *worin die Königsgräber liegen,* 1817. Aus: G. Belzoni: *Narrative* (London 1820).

47 Charles Francklin Head: *Weg zu den Königsgräbern von Theben, Bibân el-Mulûk,* Januar 1830. Aquarell, mit Sepia getönt. Höhe: 24,3 cm, Breite: 40 cm; *Searight Collection,* London.

48 Owen Jones: *Im Grab Ramses' V.* [vielmehr: Ramses' IX.], 1832/1833. Aus O. Jones: *Views of the Nile* (London 1843).

49 Vivant Denon: *Gräber der Edelleute in Theben,* 1798. Aus: V. Denon: *Voyage* (Paris 1802), Taf. XLII.

50 Dutertre: *Tempel von Armant (Hermonthis) von Westen,* 1798. Aus der *Description de l'Égypte,* 2. Ausg. (Paris 1821–1830), 2, Taf. 92.

51 Edward Hawker: *Ermenth* (Armant) *oder Hermonthis,* 5. Februar 1851. Laviert. Höhe: 25,4 cm, Breite: 17,5 cm; *Griffith Institute, Ashmolean Museum,* Oxford (Hawker MS I fol. 18).

52 Amelia B. Edwards: *Tempel von Esneh* (Esna/Latonpolis), 1874. Aus: A. B. Edwards: *A Thousand Miles up the Nile,* 2. Aufl. (London 1889), S. 161.

53 J. Jollois und R. E. Devilliers du Terrage: *Rekonstruktion des Portikus-Inneren im Tempel von Esna (Latopolis* [Latonpolis]*) mit Prozession,* 1798. Aus der *Description de l'Égypte,* 2. Ausg. (Paris 1821–1830), 1, Taf. 83.

54 Cécile: *Inneres eines großen Grabes bei El Kab* (Elkâb), 1798. Aus der *Description de l'Égypte,* 2. Ausg. (Paris 1821–1830), 1, Taf. 67.

55 George Alexander Hoskins: *Kleine Kapelle Amenophis' III., El Kab* (Elkâb), 1832/33. Laviert. Höhe: 22,4 cm, Breite: 14,3 cm; *Griffith Institute, Ashmolean Museum,* Oxford (Hoskins MS II, fol. 115).

56 Dutertre: *Der Tempel von El Kab* (Elkâb), 1798. Aus der *Description de l'Égypte,* 2. Ausg. (Paris 1821–1830), 1, Taf. 66.

57 David Roberts: *Edfu,* 23. November 1838. Aquarell. Höhe: 32,3 cm, Breite: 48,2 cm; *The Pierpoint Morgan Library,* New York.

58 Vivant Denon: *Der Tempel von Edfu,* 1798. Aus: V. Denon: *Voyage* (Paris 1802).

59 Balzac: *Felsstelen am Schiffslandeplatz bei den Steinbrüchen von Silsileh* (Gebel Silisile), 1798. Aus der *Description de l'Égypte,* 2. Ausg. (Paris 1821–1830), 1, Taf. 47.

60 J. Jollois und R. E. Devilliers du Terrage: *Rekonstruktion der Ansicht des Doppeltempels von Kôm Ombo mit dem Eingangspylon rechts und dem Mamisi* (Mammisi/›Geburtshaus‹) *links,* 1798. Aus der *Description de l'Égypte,* 2. Ausg. (Paris 1821–1830), 1, Taf. 46.

61 Charles Barry: *Koum Ombos* (Kôm Ombo), 1819. Bleistift. Höhe: 27,7 cm, Breite: 45,3 cm; *Royal Institute of British Architects,* London (Barry: Bleistiftskizzen Ägypten und Nubien Blatt 28).

62 Edward Lear: *Assouan* (Assuan), 7–8 Uhr morgens, 9. Februar 1854 (Detail). Aquarell. Gesamthöhe: 32,4 cm, Breite: 47 cm; Kunstsammlung der Universität Liverpool.

63 Vivant Denon: *Steinbrüche bei Aswan* (Assuan), 1798. Aus: V. Denon: *Voyage* (Paris 1802) Taf. LXVIII.

64 Charles Barry: *Tempel auf der Insel Elephantina* (Elephantine) *nahe den ersten Katarakten* (dem Ersten Katarakt), *Oberägypten,* 1818. Bleistift. *Royal Institute of British Architects,* London (Barry: Bleistiftskizzen Ägypten und Nubien Blatt 33).

S. 149 Vorderseite eines von E. Monti geschaffenen Bronzemedaillons zur Erinnerung an die internationale Aktion zur Rettung der Monumente von Abu Simbel. Durchmesser: 6 cm; Sammlung des Verfassers.

65 Edward William Cooke: *Philae* (Philai), *Nubien,* 21. Dezember 1874. Bleistift, grau laviert. Höhe: 11,8 cm, Breite: 20,6 cm; *Searight Collection,* London.

66 L. M. A. A. Linant de Bellefonds: *Großer Isistempel, Philae* (Philai), *vom Südrand der Insel aus gesehen.* Aquarell. Höhe: 33,8 cm, Breite: 50 cm; *Searight Collection,* London.

Farbtafeln XXIII–XXX (Seiten 153–160)

XXIII A. C. T. Émile Prisse d'Avennes: *Nubisches Mädchen neben Ruinen am Nil.* Aquarell. Höhe: 29,3 cm, Breite: 21,25 cm; *Searight Collection,* London.

XXIV David Roberts: *Gesamtansicht der Insel Philae* [Philae], *Nubien, 14. November 1838.* Handkolorierte Lithographie aus: D. Roberts: *Egypt and Nubia* (London 1846–1850), 1.

XXV David Roberts: *Blick in die Große Säulenhalle, Philae.* Handkolorierte Lithographie aus: D. Roberts: *Egypt and Nubia* (London 1846–1850), 2.

XXVI David Roberts: *Der als Bett des Pharao bezeichnete dachlose Tempel auf Philae.* Handkolorierte Lithographie aus: D. Roberts: *Egypt and Nubia* (London 1846–1850), 2.

XXVII David Roberts: *Koloß vor dem Tempel von Wadi Saboua* [Wadi es-Sebua], *Nubien.* Handkolorierte Lithographie aus: D. Roberts: *Egypt and Nubia* (London 1846–1850), 2.

XXVIII Giovanni Belzoni: *Außenansicht der beiden Tempel von Ybsambul* [Abu Simbel], 1820. Handkolorierte Lithographie. Sammlung des Verfassers.

XXIX Giovanni Belzoni: *Innenansicht des 1818* [vielmehr 1817] *von G. Belzoni geöffneten Tempels von Ybsambul* [Abu Simbel] *in Nubien,* 1820. Handkolorierte Lithographie; Sammlung des Verfassers.

XXX L. M. A. A. Linant de Bellefonds: *Ausgrabung des Großen Tempels Ramses' II. in Abu Simbel,* Februar 1819. Aquarell. Höhe: 16,8 cm, Breite: 23 cm; *Searight Collection,* London.

Tafeln 67–80 (Seiten 162–176)

67 Owen Jones: *Schiffslandeplatz, Philoe* (Philai), *Oberägypten,* 1832/33. Aquarell. Höhe: 20 cm, Breite: 27,5 cm; *Searight Collection,* London.

68 David Roberts: *Tempel im Wady Dabod* (Wadi

Debod), *Nubien*. Aus: D. Roberts: *Egypt and Nubia* (London 1846–1850), 2.

69 John Gardner Wilkinson: *Kiosk von Kertassi*, (?) 1821. Feder und Tinte im Skizzenbuch. Früher im *Griffith Institute, Ashmolean Museum*, Oxford (Wilkinson MS I, fol. 31).

70 Edward Hawker: *Tafa* (Taffa), Januar 1851. Federzeichnung, laviert. Höhe: 25,4 cm, Breite 17,5 cm; *Griffith Institute, Ashmolean Museum*, Oxford (Hawker MS III, fol. 3).

71 Charles Barry: *Kalaptchie* (Kalabscha), Dezember 1818. Bleistift. Höhe: 25,3 cm, Breite: 39,6 cm; *Royal Institute of British Architects, London* (Barry: Bleistiftskizzen Ägypten und Nubien, Blatt 17).

72 Edward Hawker: *Dendour* (Dendur), 18. Januar 1851. Getönte Lavierung. Höhe: 25,4 cm, Breite: 17,5 cm; *Griffith Institute, Ashmolean Museum*, Oxford (Hawker MS I, fol. 14).

73 David Roberts: *Ausgegrabener Tempel von Gyrshe* (Gerf Husên), *Nubien*. Aus: D. Roberts: *The Holy Land . . . Egypt and Nubia* (London 1855–56).

74 Frederick Catherwood: *Guerfeh Hassan* (Gerf Husên), *Nubien*, 1835 nach einer Zeichnung aus dem Jahre 1824 gemalt. Aquarell. Höhe: 19,3 cm, Breite: 29,3 cm; *Searight Collection*, London.

75 Edward Lane: *Tempel von Dakka*, um 1827. Bleistiftzeichnung, laviert. Höhe: 10 cm, Breite: 17,7 cm; *British Library*, London (Add. MS 34087, fol. 12).

76 Frederick Catherwood: *Tempel von Sabooa* (Wadi es-Sebua), *Nubien*, 10. Februar 1824. Bleistiftzeichnung laviert und weiß gehöht. Höhe: 24 cm, Breite: 35,5 cm; *Searight Collection*, London.

77 Charles Barry: *Amada in Nubien*, Januar 1819. Bleistift. Höhe: 25,1 cm, Breite: 39,2 cm; *Royal Institute of British Architects*, London (Barry: Bleistiftskizzen Ägypten und Nubien, Blatt 43).

78 Edward Lear: *Derr* (ed-Derr), 4 Uhr nachmittags, 11. Februar 1867. Wasserfarben mit Bleistift, Feder und brauner Tusche. Höhe: 33 cm, Breite: 50 cm; *Searight Collection*, London.

79 Joseph Bonomi: *Fassade des großen Tempels von Abu Simbel*, 1829 [?], Detail. Bleistift. Gesamthöhe: 51 cm, Breite: 71 cm; *British Library*, London (Add. MS 29840, fol. 8).

80 David Roberts: *Säulenhalle des Großen Tempels von Abu Simbel*. Öl auf Holztafel. Höhe: 37 cm, Breite: 54,5 cm; *Yale Center for British Art*, New Haven (Connecticut/USA), Sammlung Paul Mellon.

Abbildungen auf den Seiten 177–181

S. 177 Abel de Pujol: *Joseph rettet Ägypten*, 1827. Öl. Louvre, Paris. Deckengemälde im Raum C der Abteilung für ägyptische Altertümer.

David Roberts: *Der Auszug der Israeliten*, 1829. Öl. Höhe: 135 cm, Breite: 180 cm; Privatbesitz, als Leihgabe im *City of Birmingham Museum and Art Gallery*.

William West: *Ruinen am Nil*, um 1829. Wasserfarben, mit Sepia laviert. Höhe: 22,5 cm, Breite: 30,5 cm; *Searight Collection*, London.

S. 178 Jean Léon Gérôme: *Schwerttanz*. Öl. Derzeitiger Verbleib unbekannt.

Nach Hans Makart: *Altägyptische Tänzerin*. Aus Georg Ebers: *Egypt* (London 1881) 2, Seite 251.

S. 179 Sir Lawrence Alma Tadema: *Der trauernde Vater*, 1859 (Opus X) Öl. Höhe: 68 cm, Breite: 86 cm; Kunstgalerie Johannesburg.

Sir Lawrence Alma Tadema: *Zeitvertreib in Altägypten vor 3000 Jahren*, 1863 (Opus XVIII). Öl. Höhe: 99,1 cm, Breite: 135,8 cm; *Harris Museum and Art Gallery*, Preston.

Sir Lawrence Alma Tadema: *Ägyptische Witwe*, 1872 (Opus XCIX). Öl auf Tafel. Höhe: 75 cm, Breite: 99 cm; *Rijksmuseum*, Amsterdam.

S. 180 Sir Lawrence Alma Tadema: *Auffindung des Moses*, 1904 (Opus CCCLXXVII). Öl. Höhe: 137,7 cm, Breite: 213,4 cm; Privatbesitz.

Edwin Long: *Pharaos Tochter – die Auffindung des Moses*, 1886. Öl. Höhe: 196,9 cm, Breite: 276,9 cm; Städtisches Museum und Kunstgalerie Bristol.

Edwin Long: *Alethe, Priesterin der Isis*, 1886. Öl. Höhe: 105 cm, Breite: 67,5 cm; Russell-Cotes Kunstgalerie und Museum, Bournemouth.

S. 181 Hans Makart: *Kleopatras Tod*, 1876. Öl. Höhe: 191 cm, Breite: 255 cm; Staatliche Kunstsammlungen, Kassel.

Edward John Poynter: *Israel in Ägypten*, 1867. Öl. Höhe: 135 cm, Breite: 313 cm; *Guildhall Art Gallery*, City of London.

Fotonachweis

Autor und Verlag danken den nachstehend aufgeführten Personen und Institutionen für die freundlich gewährte Abdruckserlaubnis:
Peter Clayton: S. 7, 11, 12, 15, 17–19, 24, 25 links und Mitte, 26, 29, 30 rechts, 31, 42–44, 47 links oben und unten, 49, 54 oben, 55 unten, 71, 149, Tafeln 9, 11, 13, 25, 39, 46, 52, 73, Farbtafeln V, XVIII, XXVIII, XXIX; DSB Photographic Services Ltd, Glasgow: Farbtafel XXI; Michael Meyersfield, Johannesburg: S. 179 oben; Philip Barker, London: S. 25 rechts, 45, 55 oben, 177 unten, Tafeln 2–4, 8, 14, 21, 38, 44, 47, 48, 65–67, 74, 76, 78, Farbtafeln IV, VI, XVII, XXIII, XXX; Egypt Exploration Society, London: S. 53; Fotomas, London: Farbtafeln I, VII, X, XI, XIV, XIX, XX, XXII; John R. Freeman, London: S. 20–22, Tafeln 1, 7, 12, 16–20, 22, 24, 26–28, 30–32, 34, 36, 49, 50, 53, 54, 56, 58–60, 63, 68, Farbtafeln VIII, IX, XII, XIII, XV, XVI, XXIV–XXVII; Sotheby Parke Bernet & Co., London: S. 180 oben; Eileen Tweedy, London: S. 51; Griffith Institute, Ashmolean Museum, Oxford: S. 46 oben, Tafeln 42, 69; Bulloz, Paris: S. 16; Giraudon, Paris: S. 47 rechts; Harold Morris, Wimborne: S. 180 unten.

Register

A

B

C

D